内蒙古科技大学创新基金项目：2019QDW-B05
内蒙古自然科学基金项目：2021BS7005

整体性治理视域下
公共组织结构变革研究

任 捷 著

中国人民公安大学出版社
CPPSUP 全国百佳图书出版单位

图书在版编目（CIP）数据

整体性治理视域下公共组织结构变革研究/任捷著
. --北京：中国人民公安大学出版社，2025.1
ISBN 978-7-5653-4581-4

Ⅰ.①整…　Ⅱ.①任…　Ⅲ.①公共管理-研究　Ⅳ.
①D035

中国版本图书馆 CIP 数据核字（2022）第 151024 号

整体性治理视域下公共组织结构变革研究
任　捷　著

策划编辑：	孟雪婵
责任编辑：	邵红岩
责任印制：	周振东

出版发行：	中国人民公安大学出版社
地　　址：	北京市西城区木樨地南里
邮政编码：	100038
经　　销：	新华书店
印　　刷：	涿州市新华印刷有限公司

版　　次：	2025 年 1 月第 1 版
印　　次：	2025 年 1 月第 1 次
印　　张：	5.375
开　　本：	880 毫米×1230 毫米　1/32
字　　数：	120 千字

书　　号：	ISBN 978-7-5653-4581-4
定　　价：	28.00 元

网　　址：	www.cppsup.com.cn　www.porclub.com.cn
电子邮箱：	zbs@cppsup.com　zbs@cppsu.edu.cn

营销中心电话：010-83903991
读者服务部电话（门市）：010-83903257
警官读者俱乐部电话（网购、邮购）：010-83901775
公安业务分社电话：010-83906108

目　　录

第一章　导论 …………………………………………………… 1

一、公共组织结构变革研究综述 ……………………………… 2

（一）组织理论研究述评 ……………………………… 2

（二）公共组织理论研究述评 ……………………… 10

二、本书的思路、框架与研究方法 ………………………… 19

（一）研究思路与框架 ……………………………… 21

（二）研究方法 ……………………………………… 24

三、公共组织职能与公共组织结构优化 …………………… 25

（一）公共组织结构的界定 ………………………… 25

（二）公共组织体系与公共组织结构变革 ………… 27

（三）公共组织职能与公共组织结构变革 ………… 28

第二章　理论视域下公共组织结构变革 ………………… 30

一、整体性治理理论 ………………………………………… 30

（一）整体性治理的内涵框架 ……………………… 32

（二）整体性治理的整合进路 ………………… 38

（三）整体性治理理论与公共组织结构变革的

逻辑关系 ………………… 40

二、组织结构变革理论 ………………… 42

（一）组织环境互赖性与组织结构变革 ………………… 43

（二）决定组织结构变革的因素 ………………… 47

（三）组织理论关于组织结构变革的研究 ………………… 50

（四）组织结构变革理论与公共组织结构变革 ………………… 54

第三章　公共组织结构变革的趋势与走向 ………………… 59

一、外国公共组织结构变革的案例来源与选择标准 …… 60

二、外国公共组织结构变革的案例分析 ………………… 62

（一）英国 ………………… 62

（二）美国 ………………… 69

（三）法国 ………………… 73

（四）俄罗斯 ………………… 76

（五）日本 ………………… 78

三、比较与借鉴：公共组织结构变革的趋势与走向 …… 81

第四章　公共组织结构变革的影响要素与动力机制 …… 85

一、国内公共组织结构变革的案例来源与选择标准 …… 85

二、国内公共组织结构变革的案例分析 ………………… 88

（一）"矩阵制"公共组织结构变革 ………………… 88

（二）"网络制"公共组织结构变革 ………………… 91

（三）"联动制"公共组织结构变革 ………………… 94

三、公共组织结构变革的特点与规律 ·············· 98

（一）公共组织结构变革的具体特征 ········· 98

（二）公共组织结构变革的进展 ············· 100

（三）公共组织结构变革面临的挑战 ········· 103

第五章　公共组织结构优化的目标模式 ·············· 107

一、公共组织结构变革的依据、动力和原则 ·········· 108

（一）公共组织结构变革的主要依据 ········· 108

（二）公共组织结构变革的动力分析 ········· 111

（三）公共组织结构变革的基本原则 ········· 113

二、公共组织结构变革的主要内容 ·············· 116

（一）公共组织结构变革的愿景目标 ········· 116

（二）公共组织结构的职能整合 ············· 118

（三）公共组织结构的架构 ················· 122

（四）公共组织结构的权力划分 ············· 126

（五）公共组织结构的运行机制 ············· 128

三、公共组织结构变革的配套制度设计 ·········· 129

（一）围绕组织目标达成构建部门工作晋升

激励制度 ······················· 130

（二）建立数字技术深度应用的部门运行机制

······························· 130

（三）建立科学的组织领导职位结构与绩效评价

······························· 131

第六章　公共组织结构变革的理论方略与路径 ·········· 133

一、规划公共组织结构变革 ················· 134

（一）建立并完善公共组织结构变革的组织
   法定标准 ………………………………… 134
（二）制定并实施公共组织结构变革的"路线图"
   ………………………………………… 135
（三）整体设计与分步实施相结合的变革路径规划
   ………………………………………… 136
二、整合公共组织职能 ……………………………… 136
 （一）横向组织职能整合 ……………………… 137
 （二）纵向组织职能整合 ……………………… 140
三、整合公共组织架构 ……………………………… 142
 （一）横向组织架构整合 ……………………… 142
 （二）纵向组织架构整合 ……………………… 144
四、构建公共组织结构的协调机制 ………………… 146
 （一）建立组织间信任与合作 ………………… 147
 （二）建立组织间信息共享流程 ……………… 147
 （三）建立组织间协调与保障 ………………… 148
五、健全公共组织权力运行机制 …………………… 149
 （一）构建公共组织的运行机制 ……………… 149
 （二）建立科学的事权与财权统一化运作机制 ……… 151
 （三）保证决策权、执行权、监督权的有效行使 …… 152

结 论 ………………………………………… 155

参考文献 …………………………………………… 158

第一章 导 论 ‖

在现代社会中，公共组织职能是依托公共组织结构以及公共组织行政活动来实现的。公共组织结构状况直接决定了公共组织职能实现的程度。因此，公共组织结构是否科学决定了公共组织职能能否有效发挥。对公共组织结构进行规范研究，具有多重目的和意义。

首先，揭示公共组织演进规律，可以促进公共组织制度的完善和公共组织分析能力的提升。当今，面临经济社会发展的多元挑战，如何形塑公共组织的组织力、抗逆力和持续发展的能力成为人类面临的共同挑战。如何履行好公共组织的公共服务职能并保持组织绩效的持续提升，其根本在于公共组织的科学运行。因此，开展公共组织结构变革研究，可以提升公共组织的分析能力，尤其是通过对横向与纵向组织结构的有机优化探索，推动公共组织结构变革的理论探索并为其提供现实指导。

其次，探索和丰富公共组织结构变革的理论框架。本研究通过对公共组织变革多案例、多侧面、多层次的纵深分析与比较，获取基于组织理论的公共组织结构变革方面的知识；通过对一些国家公共组织变革趋势的比较，了解公共组织理论研究与案例研究关注点的异同及其成因，以便科学把握公共组织结构变革研究的发展规律和趋势，丰富和发展公共组织理论。

最后，探索公共组织结构变革的影响因素及动力机制，构建公共组织结构变革的理论目标模式。通过对公共组织结构变革案例的分析，将探索公共组织结构变革进程中的理论进行分类；依据矩阵制、网络制、联动制公共组织结构的变革规律对组织设计模式进行横向与纵向的借鉴和路径规划；借鉴社会学研究中理想类型构建方法建构公共组织结构变革的理论目标模式；通过多案例与多模式探索形成整体性治理视域下公共组织结构变革的理论解读框架。

一、公共组织结构变革研究综述

公共组织结构变革的发展趋势是日渐趋同的，其特征和规律呈现出基于组织理论视域下的阐述与分野。围绕学界研究科学掌握公共组织结构变革的理论走向与实践探索方向，有助于前瞻公共组织结构变革的理论方向，从而探索公共组织结构变革的趋势。

（一）组织理论研究述评

组织理论既不是单个理论也不是一种知识的联合体，相反，它是一个多样化的、多学科的研究领域。对组织理论的学习离不开探索组织理论的各个思想流派，其主要思想流派如表1-1所示。

表1-1　组织理论主要思想流派①

思想流派	核心思想	历史年代（年）	代表人物
官僚制理论	有助于分辨行政效率的结构特征	1890—1910	马克斯·韦伯
科学管理理论	利用科学研究和理性计划快速高效地完成任务	1890—1920	费雷德里克·泰勒、弗兰克·吉尔布雷斯、亨利·甘特
行政管理理论	帮助组织寻找完成复杂任务的行政原则	1910—1930	亨利·法约尔、詹姆斯·穆尼、卢瑟·古利克
前人际关系理论	通过权威关系的非个性化来鼓舞士气，确保合作	1920	玛丽·福利特
人际关系理论	用各种行为方法使工人适应工作环境并确保他们的合作	1920—1940	埃尔顿·梅奥、弗里茨·罗特利斯伯格
自然系统理论	提供诱因，实施道德领导以保持合作	1930—1940	切斯特·巴纳德

---

① 〔美〕乔纳森·R.汤普金斯：《公共管理学说史——组织理论与公共管理》，夏镇平译，上海译文出版社2011年版，第4页。

续表

思想流派	核心思想	历史年代（年）	代表人物
结构功能理论	分辨官僚制的功能和反功能后果	1940—1950	罗伯特·默顿、菲利普·赛尔茨尼克、阿尔文·古尔德纳、彼得·布劳
开放系统理论	通过内部保持和外部调整来维持系统的活力	1950—1970	卡茨和卡恩、詹姆斯·汤普森、琼·伍德沃德
人力资源理论	通过满足人的所有需求来强化激励和提高生产率	1940—1960	库尔特·卢因、伦西斯·利克特、亚伯拉罕·马斯洛、克里斯·阿吉里斯、道格拉斯·麦克格雷戈、弗雷德里克·赫兹伯格
质量管理理论	把持续改进和使顾客满意的文化承诺制度化	1950—1980	阿曼德·费根鲍、威廉·爱德华·戴明、约瑟夫·朱兰、石川馨
组织文化和领导理论	通过有预见性的领导和有符号意义的管理创造一种致力于高绩效的文化	1980—1990	埃德加·沙因、威廉·大内、帕斯卡尔和阿索斯、汤姆·彼得斯

乔纳森·R.汤普金斯依据理论假设是否相同或研究主题是否类似,归纳了有关组织理论的文献并加以总结,将组织理论各个流派分成三部分内容。第一部分内容称为组织理论,第二部分内容通常被称为组织行为,另外还区分出一部分内容横跨前面两部分内容作为第三部分内容,即管理理论。"管理理论"这个术语指的是那些关注组织分析这个更大领域的著作。它们的着眼点专门针对管理过程和管理实践。本书以第一部分内容组织理论为研究框架。组织理论采用宏观的观点——主要把组织本身作为基本的分析单位,并力求解释组织如何以及为何如其所示的表现。这一部分内容的著作通常研究结构安排(如等级的层次、权力的分级、部门区分的程度等),组织如何受到目标、战略、规模、技术和环境的影响,以及结构安排对组织成员的影响,如罗伯特·默顿和他的学生于20世纪40年代后期首先勾勒出组织研究领域的范围。[1] 这种宏观的观点在马克斯·韦伯的官僚制理论、行政管理理论、结构功能理论和开放系统理论中表现得很明显。

从组织理论的发展来看,古典组织理论影响了早期组织的建立和发展,主要包括官僚制理论学派,其代表人物为马克斯·韦伯;科学管理学派,其代表人物为费雷德里克·泰勒等;行政管理学派,其代表人物为亨利·法约尔等。制度规范、科学管理和专业分工的重要性是古典组织理论所推崇的。马克斯·韦伯明确提出的一个学术概念是组织的科层官僚制特

---

① [美] W. 理查德·斯科特、杰拉尔德·F. 戴维斯:《组织理论——理性、自然与开放系统的视角》,高俊山译,中国人民大学出版社2011年版,第5页。

征，后来成为研究正式组织尤其是公共组织的一个经典范式。马克斯·韦伯认为，现代组织的划分源于职能、职位的分工与分层。这既是一种组织体系，也是一种管理方式，内部则有运行的规则，体现为科层制。[①] 因此，早期建立的组织不可避免地存在科层制组织结构固有的弊端，尤其是对环境的认知十分不足，没有认识到组织与环境的互动性，把组织视为静止僵化的。随着组织理论的不断发展，来自组织环境的挑战不断增多，为了对古典组织理论进行修正，现代组织理论应运而生。其中的代表人物赛尔兹尼克认为，环境影响对组织的制度化过程起着关键作用。[②] 现代组织理论不再单纯强调组织结构的恒久不变，而注意到了环境对组织结构的影响，指出组织结构与动态环境之间的回应性、开放性与适应性，在追求效率的同时，更要分析组织不确定性的影响因素，将组织与环境之间的勾连关系考虑进来。

适应性系统理论与偶然性理论是现代组织理论在组织设计上出现的两个流派。适应性系统理论认为，特点各不相同的组织，因对不同环境的适应，组织设计也不同。偶然性理论的代表人物有马奇、汤普森和西蒙，他们为现代组织理论做出了重要贡献。马奇和西蒙指出，组织的一个最基本的功能是吸收不

---

① 曹英：《公安学：基本理论与中国视角》，中国人民公安大学出版社2015年版，第100页。

② ［美］海尔·G. 瑞尼：《理解和管理公共组织》，王孙禺、达飞译，清华大学出版社2002年版，第82页。

确定性造成的影响。① 汤普森借用经济学"垂直兼并"的概念②指出，可以将组织里连续的生产环节或部门合并，吸纳相关联的组织阶段或部门到一个单独的组织里。由此可见，现代组织理论认为，组织必须为了生存而吸收环境的不确定性。因此，一方面，组织必须调整结构和功能；另一方面，组织还必须下放权力，进行组织职能合并，即实行公共组织结构。

就组织结构理论而言，巴纳德将组织结构变革的核心视为组织结构的整合以及有效协调机制的构建。可见"协调"和"整合"这两个概念在组织理论的背景下具有内在一致性。巴纳德指出，如果一个组织建立了两个以上的单位组织，就有必要统一成一个复杂的组织，再在各个单位组织的领导之上设立一个共同的领导。下层组织累积而形成一个上层组织是任何组织组成的基本方式。问题是何种力量能将这么多组织细胞统一成一个有机的整体。巴纳德认为，将每一个单位合成统一整体的力量其实就是管理者和执行者行为的同时贡献性。例如，I既是 A 单位组织的领导之一，同时又是 C 管理组织的成员之一。因此，I 的行为和决策的同时贡献性对 A 和 C 这两个单位

---

① ［美］雷蒙德·E. 迈尔斯、查尔斯·C. 斯诺：《组织的战略、结构和过程》，方洁译，东方出版社 2006 年版，第 314-322 页。

② 垂直兼并是指合并一个组织里面连续的生产阶段，使得每一生产阶段使用上一阶段的产品作为下一阶段生产的投入。从技术上讲，每一个阶段可以被分别吸纳在一个单独的组织里。工业界大部门大都是通过垂直兼并将此前分离的组织加以合并而成的。参见：［美］詹姆斯·汤普森：《行动中的组织——行政理论的社会科学基础》，敬乂嘉译，上海人民出版社 2007 年版，第 48 页。

组织来说都具有。① 这种同时贡献性理论很好地找到了组织结构整合的平衡点。再如，查尔德对整合的定义，"整合是不同但却是互补的、可以聚在一起创造价值的活动之间达到充分协调的一种状态"，其"意味着组织中不同角色或单元之间的协调、凝聚与协同"。

就公共组织规模与公共组织绩效研究而言，埃莉诺·奥斯特罗姆与其同事以公共经济学为视角在《公共服务的制度建构：都市公共组织服务的制度结构》一书中，从公共服务产业（PSI）框架对都市公共组织服务进行了长达 15 年的研究，描述了都市公共组织服务的制度结构并提出了新的理论。②

埃莉诺·奥斯特罗姆对公共组织服务的研究始于 20 世纪 70 年代。在传统的路径下，许多学者和公共组织官员都敦促把公共组织结构合并为一个单一的都市区域提供公共组织服务。另一些学者则建议采取完全不同的变革模式——建造一个大城市，而建立一个较小的公共组织部门去实现社区控制。很少有实证研究去检验其内在假设，比较大结构和小结构服务的绩效表现。该研究分别从公共组织服务规模与绩效之间的关系和公共组织服务组织间结构同绩效的关系展开。③ 该研究表明了公共组织服务和公共组织制度安排的复杂性。按照资本和劳动密

---

① 朱国云：《组织理论：历史与流派》，南京大学出版社 2014 年版，第 172 页。

② Toonen T："Resilience in Public Administration：The Work of Elinor and Vincent Ostrom from a Public Administration Perspective"，Public Administration Review，2010（2）.

③ Ostrom E，Parks R B，Percy S L："Evaluating Police Organization"，Public Productivity Review，1979（3）.

度、公共物品的属性、提供方式的不同可以将公共组织服务细分为不同的类型。从这个角度看，唯一的供给公共物品方式和公共经济组织的模式是不存在的，应该采取不同的组织模式。这种理论和实证的论述对美国公共组织变革，尤其是大城市和地区的公共组织制度安排产生了巨大影响。

从组织结构设计的角度分析，组织结构分为横向分化和纵向分化。其中因为专业化分工过度的原因，组织走向横向分化，也即是过度强调部门工作的专业性，忽视了与专业性密切相关的协调成本的上升，组织整体性协调出现故障。因此，部门工作专业化是解决相同或相似的专业分工后的横向协调的一种有效方法。随着部门工作专业化的深入，公共组织日趋体现出内部结构复杂化的特性，突出表现为部门构成的复杂化，即公共组织部门数量和种类增多。一部分学者认为内部构成不断复杂化的根源在于科层制组织的本性导致公共组织不断扩张。

从上述分析可见，组织结构设计的核心在于分工与协调。现代组织理论肯定了专业分工的必要性，组织应适当扩大职能边界的领域，综合与协调整合专业分工呈现出的部门化。公共组织结构优化是对部门过度专业化的修正，但并不是对分工的否定。它是新的扩展性对组织横向分工边界的界定，将组织职能相近的部门合并，简化分工与协调，进而把涉及职能交叉重叠的部门的不确定性任务厘清整合起来。从组织理论的演进来看，组织结构优化一定程度上回应了对专业化分工的反思，回答了采取何种部门形式构建有机的组织架构，重新定义了组织的边界问题。因此，公共组织结构优化配备了比较完整的资源组织理论基础，可以更好地应对多变的组织内外部环境，优化组织运行效能，降低运行成本，更好地实现组织目标。

（二）公共组织理论研究述评

有关公共组织结构变革的研究颇丰。据此，笔者以"公共组织结构变革""公共组织变革""公共组织""组织设计"为关键词在 CNKI 期刊库中进行检索，检索出自 1985 年 1 月至 2022 年 1 月的文献共计 432 条。笔者进一步手动筛除无关键词文献、重复文献和其他非学术文献之后，获得 101 篇核心文献作为研究对象，以此为基础，构建公共组织结构变革的理论研究关键词知识图谱、时间线知识图谱和激变词，挖掘理论视域下公共组织理论的演进趋势与方向。

（1）公共组织理论的关键词聚类图谱（见图 1-1）中涵盖 453 个网络节点，608 条连线，密度为 0.0059，Modularity Q 为 0.7359，S 值为 0.9357，Harmonic Mean（Q，S）为 0.8262，聚类结果较为合理。

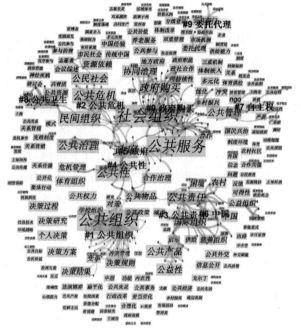

图1-1　公共组织理论的关键词聚类图谱

由图1-1可知，公共组织关键词聚类图谱中"政府购买""公共组织""公共服务""公共危机""公共性""中国""政府""公共责任""自主权"等关键词成为公共组织研究的重点，研究关注"公共决策""危机管理""合作治理""协同治理""公共责任"等关键词。

从公共组织领域研究的关键词聚类图谱来看，学界围绕"公共决策""危机管理""合作治理""协同治理""公共责任"展开了一系列研究。一方面是关于公共组织变革、合作治理与协同治理的研究。学者赵普兵（2022）从整体性治理视角分析公共组织的治理效能提升，指出公共服务供给、整体有效的回应有助于治理目标的实现。① 学者杨艳、贾璇、谢新水（2020）从组织的视角指出公共行政行动主义的转向，认为随着高度复杂不确定社会的到来，公共行政的制度主义将走向终结，公共行政的行动主义建构之旅将开启。② 学者耿依娜（2019）围绕社会组织的公共性进行了价值、结构与行动的三维分析，指出社会组织公共性生产过程面临困境，亟待通过公共性理论、组织理论、组织公共性测评理论进行三维解读和分析。③ 另一方面是关于公共组织的风险应对与危机管理的研究。学者李宇环（2021）通过对风险社会中组织嵌入复杂系统的演化特征，分析了结构层面和规则维度组织发展框架，指出风险社会的来临，未来看待问题和分析问题的方式方法将发生范式

---

① 赵普兵：《整体性治理视角下公共服务何以提升治理效能？——基于四川南部县 A 村合村并组实践的观察》，载《云南大学学报（社会科学版）》2022 年第 6 期。

② 杨艳、贾璇、谢新水：《公共行政行动主义转向的学理阐释：基于组织的视角》，载《学习论坛》2020 年第 1 期。

③ 耿依娜：《价值、结构与行动：当代中国社会组织公共性评价的三维分析》，载《云南大学学报（社会科学版）》2019 年第 3 期，第 118-125 页。

革命。① 郭雪松、赵慧增（2021）等学者关注到应急预案的组织间网络结构，通过社会网络分析的方法，探讨了突发公共卫生事件下应急组织间的网络关系特征，围绕该特征提出了应急组织变革与优化策略。②

从上述代表性研究观点来看，公共组织研究更多关注组织变革、合作治理与协同治理、组织风险应对与危机管理等方面。特别是结合组织变革从组织合作治理转向整体性治理视域下的公共组织结构变革与优化，成为学界关注的核心议题。

（2）从文献计量测定（CiteSpace）的公共组织理论研究的时间序列（见图1-2）可知，该研究领域在不同时间段的衍生轨迹，涵盖时间维度的热点主题和变化趋势；从不同关键词的时间跨度可知研究的路径与脉络。1995—2021年公共组织主题研究的时间序列图谱直观地呈现了该领域的主题关注变化。根据公共组织研究的关键词特征，结合公共组织的时间序列图谱和文献数量的时间分布，公共组织理论的研究路径大致经历了三个重要发展阶段，分别是1995—2001年的"公共事务""公共目标"的关注期，2002—2019年的以"决策""公共责任""公共精神""公共资源""多元治理""合作网络"等为关键词和关键主体的探讨期，2020年至今的公共组织研究聚焦"公

---

① 李宇环：《风险社会背景下的公共组织变革——基于系统观的诊断与设计》，载《南京大学学报（哲学·人文科学·社会科学）》2021年第4期。

② 郭雪松、赵慧增：《突发公共卫生事件应急预案的组织间网络结构研究》，载《暨南学报（哲学社会科学版）》2021年第1期。

共制度""制度设计""服务价值""整体网络""合法性"
"组织声誉"等的关注期。

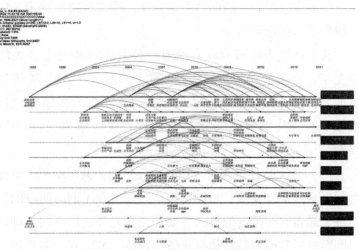

图1-2　公共组织关键词时间序列图谱

（3）对公共组织理论研究前沿的把握，可以帮助学界掌握
未来该主题的发展趋势，进而推动该领域研究的深入与创新。
文献计量测定中的突现性检测（Burst Detection）可以对公共组
织理论的突变性质关键词进行测算与筛选。通过测算可知，公共
组织理论研究突现词的前八位，如图1-3所示，关键词"服
务创新"的突现区间为（1995，2004），"组织文化"的突现
区间为（1995，2003），"政社合作"的突现区间为（1995，
2005），"创造力"的突现区间为（1995，2003），"可持续性"
的突现区间为（1995，2003），"民间组织"的突现区间为
（2006，2010），"公共服务"的突现区间为（2012，2013），
"社会组织"的突现区间为（2013，2019）。从关键词的突现来

看，公共组织的研究在围绕不同组织要素进行演进，为公共组织结构变革提供了理论参考和核心主题把握。

Top 8 Keywords with the Strongest Citation Bursts

Keywords	Year	Strength	Begin	End	1995 - 2021
服务创新	1995	5.28	1995	2004	
组织文化	1995	4.87	1995	2003	
政社合作	1995	4.44	1995	2005	
创造力	1995	3.34	1995	2003	
可持续性	1995	3.34	1995	2003	
民间组织	1995	6.53	2006	2010	
公共服务	1995	3.39	2012	2013	
社会组织	1995	10.25	2013	2019	

图 1-3 公共组织的关键词突现图谱

从阅读文献的情况来看，学界对公共组织结构变革的理论研究方向主要集中在以下论题的宏观讨论上，分别是：背景和动因、愿景和阻力、含义和特征、作用和目的、方法和原则、国际经验与借鉴、重点和难点、思路和步骤。[①] 研究层级主要侧重于两个方面：一是偏重探讨部门之间关系和部门整体职能转变的层级研究；二是集中于总结和对比试点城市实践的案例研究。二者比较，并没有更多地关注公共部门运行机制和内部结构设置。[②] 据此，本书通过对公共组织结构变革的案例深入研究，一方面，为公共组织结构变革提供理论支撑；另一方面，通过对不同层面公共组织内部结构设置和运行机制的研

---

① 龚常、曾维和、凌峰：《我国大部制改革述评》，载《政治学研究》2008 年第 3 期。

② 胡象明、陈晓正：《"大司局"视野下大部制改革内部运行机制探微》，载《南京社会科学》2011 年第 5 期，第 68-72 页。

究分析，构建并提出公共组织结构变革的目标模式和策略路径。

就研究公共组织结构变革背景而言，为适应经济社会发展情境变革实行整合制组织结构下的整合治理模式，为公共组织结构变革提供了经验和借鉴。受经济社会变化的影响，公共组织体系日益复杂化，为适应复杂经济社会发展的需要，公共组织结构变革面临巨大的治理压力。在应对经济社会变革时，传统的科层制组织结构显得捉襟见肘，一方面是集体协调困难导致权力分散，协同化难以实现；另一方面是部门间专业化分工过度，部门利益和短期利益持续压倒整体利益和长期利益。①

就公共组织结构整合的概念与内涵而言，学界展开了探讨与界定。所谓公共组织结构整合，或者公共组织结构变革，就是在公共组织的部门设置中，将职能相近、业务范围雷同的事项相对集中，由一个部门统一进行管理，最大限度地避免公共组织职能交叉、政出多门、多头管理，从而达到提高公共组织效率、降低公共组织成本的目标。② 从公共组织结构的内涵来看，学界有两种理解贯穿于公共组织结构变革讨论之中：一是研究公共组织结构变革的逻辑起点偏重于行政组织结构的角度，重点关注公共组织结构变革的组织结构调整；二是认为公共组织结构变革是深化行政体制变革的契机，

---

① 汪玉凯：《冷静看待"大部制"改革》，载《理论视野》2008 年第 1 期。

② 张成福、杨兴坤：《建立有机统一的政府：大部制问题研究》，载《探索》2008 年第 4 期。

即坚持政治路径研究。从公共组织结构变革的目的和意义来看，学者的理解各有不同，出现了行政组织结构变革和政治体制变革研究方向的分野。公共组织结构变革的目的从科层制管理理念转向了整体性治理理念。研究经历了从纯粹的职能整合和结构变革、提高公共组织效率到公共组织运行机制整体变革的逐步转变。

就公共组织结构变革的理论基础研究而言，学者们的研究出现了科层制理论研究和整体性公共组织研究两个方向。一部分学者运用马克斯·韦伯的科层制理论对行政管理体制的理性研究和结构正式化、层级化控制体系展开研究。另一部分学者在整体性公共组织视野下，运用整体性治理进路，推进整合性、扁平化和网络化的治理模式。① 还有一些学者选择将组织结构变革理论与整体性治理理论相结合作为理论研究框架，为行政体制变革研究丰富了理论基础和研究经验。

就研究公共组织结构变革路径而言，学者们的研究大致可分为以下路径：一是职能整合基础上的结构重组，从组织结构角度实现变革。二是通过行政权的进一步明晰实现体制变革，即将决策权、执行权和监督权分类明晰，进而整合组织架构，明晰行政组织权力划分。

---

① 李文钊、蔡长昆：《整合机制的权变模型：一个大部制改革的组织分析——以广东省环境大部制改革为例》，载《公共行政评论》2014年第2期。

综合上述分析可见，行政管理视野下的公共组织结构变革的研究经验和逻辑起点，为公共组织结构变革研究提供了丰富的理论借鉴和研究经验。我们在探索公共组织结构变革的过程中，要积极学习行政体制变革中公共组织结构探索的理论研究方法，并总结实践经验，吸收有益成分。

国内外学者对公共组织研究最显著的特点是，方法新颖且研究多以一手资料为主，多擅长实证研究与定性分析相结合的方法，同时十分重视采用比较研究的方法。这些研究方法和资料的引入有助于进一步研究公共组织变革和组织发展走向，从而挖掘公共组织变革中的合理要素。在理论演进中寻找组织变迁路径，从而探索公共组织结构变革可选择的设计与方式，提出公共组织结构变革设想。

笔者综合前述文献研究成果与关注的重点，通过对公共组织结构变革的研究进行全面观察，在组织理论视角的基础上对组织变革的完善和发展进行了深入的探索。公共组织紧密围绕充分发挥和不断调整公共组织结构职能相继出台了一系列结构变革的具体方案。各项变革的核心内容主要体现在公共组织层级的增加或减少，部门和结构名称设置的变化，职能权责、结构规格等级的调整，人员分布、隶属关系、公共预算、结构形式等方面的变革，反映出公共组织结构变革是与时俱进、逐步完善的过程，其中不乏成果，但问题也突出，需要进行完整而又系统的理论梳理。

二、本书的思路、框架与研究方法

本书的研究对象是公共组织结构，更为具体的是公共组织的整体架构。本书所定义的公共组织结构变革是以公共组织职能为依据，将职能和业务相近的部门进行精简合并，进行整体性治理理念下的组织架构设计，避免过度专业化分工导致职能交叉、结构重叠，最大限度地降低公共组织运行成本，实现公共组织部门间、区域间和流程间的合作，优化并提升公共组织的运行效能和组织治理能力。

本书以组织结构变革理论为基础，同时以整体性治理理论为依据。罗伯特·B.登哈特在《公共组织理论》一书中指出，回顾过去关于公共行政理论建构问题的一些观点和研究方法，并在此基础上勾画更缜密的行政理论研究方法是颇为有益的。[①]就公共行政范畴而言，罗伯特·B.登哈特认为，至少可以指出三个趋向，分别是政治学研究分支、组织理论研究分支和其他不同的理论观点。[②] 本书采用以下观点，即将公共行政视为公共组织体系的一部分，与经济社会的发展变迁同步，受组织理论发展演化的影响和解释。公共组织内部的组织化程度具有较强的科层官僚制特征。[③] 因此，本书秉承马克斯·韦伯的思路，对在公共组织的职能、结构和行为之间存在的相互联系，

---

① ［美］罗伯特·B.登哈特：《公共组织理论》，扶松茂、丁力译，中国人民大学出版社 2011 年版。

② ［美］罗伯特·B.登哈特：《公共组织理论》，扶松茂、丁力译，中国人民大学出版社 2011 年版。

③ 曹英：《公安学：基本理论与中国视角》，中国人民公安大学出版社 2015 年版，第 325 页。

即公共组织的职能在一定程度上决定公共组织的结构，而公共组织结构又在一定程度上影响公共组织的指挥和命令关系进行公共组织横向和纵向组织结构变革探讨，遵循马克斯·韦伯构建的一系列"理想类型"来勾勒社会现象关键的、规定的特征。这是一种理想形态与实践对照的比较研究。同时，本书力图将公共组织理论研究中的经典和最新成果，尤其是有关组织结构变革的理论成果运用到公共组织研究中，即在研究公共组织职能和结构的前提下，运用相关理论揭示它们之间关联的复杂性，以及公共组织变革的趋向。

21世纪以来，随着信息技术的迅猛发展，整体性治理日渐取代强调碎片化和分散化竞争的新公共管理。整体性治理在公共组织结构变革的潮流中显示出理论生命力，有效解决了新公共管理中分散化带来的效率低下等问题。整体性治理作为一种新型的公共组织结构变革模式，主张从管理走向治理。从部分走向整体，更多地着眼于公共组织内部结构和部门的整体性运作，强调集中与整合。① 本书运用整体性治理理论中的四个维度对公共组织结构变革进行理论分析，即运用整体性策略回应公共组织结构变革的宏观制度设计和整合路径选择，遵循整体性治理价值取向进行组织变革，通过协调—整合—逐渐紧密地整合进路，构建公共组织结构的目标模式，走向系统整合。

---

① 任捷：《国内区域警务合作机制发展趋势理论评述》，载《人民论坛》2016年第17期，第77-79页。

（一）研究思路与框架

围绕整体性治理理论视域下的公共组织结构变革，本书共分为六章来进行理论阐释（见图1-4）。

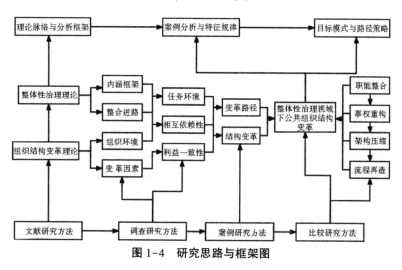

图1-4　研究思路与框架图

第一章导论。该章主要在文献研究的基础上提出本书的理论分析框架、技术路线、研究方法和重要概念辨析。通过述评国内外学者关于公共组织结构变革所遵循的不同理论逻辑与学科视角，为本书的理论分析框架奠定基础。公共组织结构变革是内外部复杂因素共同塑造的结果。从外部看，受到整体性公共组织环境与治理的影响，通过调整公共组织结构回应组织系统外部变化的诉求。从内部看，体系机制面临的挑战阻碍了公共组织绩效的持续提升，通过公共组织结构变革探索组织绩效提升的路径。二者互动使公共组织结构变革成为面向公共组织内外部环境变化和组织目标达成的演进方向。

第二章理论视域下公共组织结构变革。该章主要梳理了整体性治理理论的内涵框架和整合进路。整体性治理理论回应了公共组织结构变革的宏观制度设计和整合路径选择等问题，同时分析了组织结构变革理论中，组织结构变革与组织环境互赖性决定组织结构变革的因素。组织结构变革理论从中观和微观技术层面为构建公共组织结构变革提供了可能。通过对二者的理论分析，最终形成公共组织结构变革理论分析框架和逻辑，即宏观层面，公共组织结构变革遵循整体性治理价值取向，中观和微观技术层面受组织任务环境、组织间互赖性和利益一致性的影响，组织中这三者的程度越高则职能相近度越高，组织的职能整合性越强，进而整合该组织的横向结构，最终通过职能整合、事权重构、组织架构整合和运行机制整合，形成公共组织结构优化与整体性治理。研究运用该理论框架和逻辑探讨公共组织结构的目标模式和变革路径。

第三章公共组织结构变革的趋势与走向。该章在公共组织结构变革趋势的探讨中，通过理论和案例的梳理与归纳，分析了公共组织结构变革的整体走向。通过对世界一些发达国家，如英国、美国、法国、俄罗斯和日本的公共组织概况和组织结构变革的分析，得出公共组织设计反映公共组织间的关系，遵守组织法定原则，公共组织所依托的公共组织职能趋同并针对组织环境变化不断调整，呈现出指挥扁平化、架构压缩化、机制数字化等特征，形塑了公共组织结构整体性治理变革趋势。研究结论认为，扁平化的公共组织结构优于大量的小部门公共组织结构的组织效率，公共组织结构优化与整体性治理是公共组织结构变革的方向。

第四章公共组织结构变革的影响要素与动力机制。该章从公共组织结构变革的代表性案例进行分析，探讨公共组织结构变革的条件、逻辑、特征与规律，剖析公共组织结构变革面临的职能交叉、部门分散、事权不明、运行不畅、组织不确定性等挑战。最后，围绕案例所分类的"矩阵制""网络制""联动制"公共组织结构变革模式，提出公共组织亟待构建组织结构优化与整体性治理的目标模式。

第五章公共组织结构优化的目标模式。从公共组织结构优化与整体性治理的基本逻辑出发，对公共组织结构变革的依据、动力和原则展开分析，在修正和变革科层制组织结构的基础上，依据整体性设计原则、制约性协调原则、组织法定原则、系统性整合原则和精简高效原则，对公共组织结构的愿景目标、职能整合、组织架构、权力划分和运行机制等主要内容进行分析，提出公共组织结构的目标模式，以及建立和完善公共组织结构的配套变革。

第六章公共组织结构变革的理论方略与路径。从公共组织结构变革的规划、组织协调机制的建立以及整合进路进行探讨，就如何实现公共组织结构变革的战略设计、变革"路线图"的制定和实施、组织职能整合、组织架构重构、建立各项运行协调机制等需要研究解决的课题进行理论路径构建，希望通过探索公共组织职能整合，实现组织结构优化，建立起决策权、执行权、监督权有效行使的权力运行机制，逐步建立起基于职能科学设定、结构合理扁平、机制运转高效、组织内外部适应力相对稳定的公共组织结构理论方略与路径。

（二）研究方法

1. 文献研究方法

文献收集与整理分析是理论研究所必需的。文献研究方法主要体现在演绎归纳公共组织结构变革的理论轨迹和基于文献计量的关键词聚类。本书围绕文献研究总结归纳公共组织结构变革案例的趋势和走向，吸收行政学界开展组织结构变革的理论和实践经验等。一方面，通过文献的整理，寻找当下有关公共组织结构变革研究的不足与困境；另一方面，在文献研究基础上总结公共组织结构变革的条件与逻辑，为进一步研究提供参考。

2. 调查研究方法

调查研究方法是一手资料法的体现，是在观察和考察客观情况后，获取第一手有关资料，并对资料进行总结分析的研究方法。调查研究方法通常运用于解释性、描述性以及探索性的研究之中。本书采用该方法对公共组织进行实地调研和案例筛选，对公共组织已有的组织结构变革的试验探索进行观察和分析，进而分析公共组织结构变革的特征与进展，找出问题和挑战，为进一步提出公共组织结构变革的目标模式和策略路径做铺垫。

3. 案例研究方法

本书着眼于公共组织的案例研究，通过案例的归纳与总结，运用扎根思维研究公共组织生长和运作的环境与结构变革路径。在公共组织结构变革的研究中，本书采用案例研究方法进行归纳研究，将公共组织结构变革的影响因素作为一个重要的方面，就公共组织结构变革的条件、机制和逻辑进行分类分析，并在比较中总结"矩阵制""网络制"和"联动制"公共组织结构变革模式的演进路径异同、运行效果、合理因素与动力机制。

4. 比较研究方法

在研究社会科学的过程中，依赖于比较研究来建立具有普遍性意义的理论，尤其是在管理学、行政学研究的过程中更是如此。比较研究方法是社会科学一种重要的研究方法，是指通过对相异或相同时间、空间里的现象等进行横向或者纵向的比较，分析研究对象的相同点和不同点来探索事物发展的一般规律或特殊性。比较研究方法可分为因果关系分析、相互关系分析、地理因素分析、类型学分析和功能分析五种具体的研究方法。本书在案例研究的基础上，通过比较研究方法归纳公共组织结构变革的整合趋同要素与走向，围绕该方法进行理论建构和路径策略洞察。因此，比较研究方法也是贯穿本书的基本方法之一。

三、公共组织职能与公共组织结构优化

（一）公共组织结构的界定

从公共组织结构设置的模式选择来看，早期的公共组织结构模式体现为碎片化分工的小部门制。① 而小部门制强调全能追求，依靠的是传统"金字塔"式的经典组织架构，强调行政组织的层级节制，强调公共部门在管理和服务中的不可替代

———————

① 马庆钰：《中国行政改革前沿视点》，中国人民大学出版社2008年版，第17页。

性。英国公共部门组织结构变革文件《改进公共组织管理：下一步计划》中提出这样的观点：公共部门忽视服务职能设计的问题成为公共部门管理体系机制的弊端。① 可见，如何打破单一的结构，再造和优化组织体系是各国公共组织变革面临的难题。至此，组织结构优化与整合应运而生，成为公共组织结构变革的重要内容，即对公共组织结构的变革进行探索。首先，行政学界对公共组织结构的概念基本达成共识，在公共部门的构建中，公共组织结构通过整合职能相似和业务相近的领域，实现由单一部门的集中管理。这种管理方式有效避免了职能重叠、政策不一致和多部门管理的问题，进而提升了行政效能并降低了组织运作成本。学术界在探讨公共组织结构变革时，主要存在两种观点：一种观点认为，研究公共组织结构变革应以组织结构本身为出发点，重点研究组织结构调整对变革的影响。另一种观点则将公共组织结构变革视为提升治理能力和水平的机会，强调对变革路径的研究。在探讨公共组织结构变革的目的和意义时，学者们的观点呈现出多样性，导致了研究方向的分化，即公共组织结构变革与公共组织运行机制的探索。公共组织结构变革的目标已经从单一的"小部门"理念转变为追求整体性治理。研究的焦点也从最初的职能整合和结构调整、提升效率，逐步转变为对组织运行机制的整体性变革。对

---

① 英国公共组织变革文件《改进公共组织管理：下一步计划》讲："公共组织绝大多数（95%）文官所从事的工作性质是提供服务。然而，部门内部的现有管理体制却不是按照提供服务的需要设计的。"参见周志忍：《当代国外行政改革比较研究》，国家行政学院出版社 1999 年版，第92 页。

于公共组织而言，公共组织结构是通过对公共组织结构职能的界定和明晰，将职能相近的部门整合并合理划分组织权力，整合公共组织架构和运行机制，建立起与现代社会相匹配的公共组织结构体系。

（二）公共组织体系与公共组织结构变革

所谓公共组织体系，是指公共部门的组织架构与组织制度。公共组织体系反映一个组织的整体与部分，以及各层级之间管理与被管理、指挥与被指挥关系的一种组织制度。本书界定的公共组织结构变革是基于公共组织体系的组织间、层级间的管理与被管理、指挥与被指挥关系的组织结构变革的理论与案例研讨，其内容包括：公共组织职能、公共组织架构与公共组织运行机制之间的关系。

完善公共组织体系就要健全和完善公共组织内部的制度和运行机制，如人力资源开发制度、公共组织结构、公共组织标准与规范等方面的变革。就建立适应社会发展的公共组织理论而言，可体现为利益同构、统一性、体系功能稳定等特点。[①]但是也有学者认为，"制度"体现为共同和根本的行为准则之和。该行为准则是由一个社会为公众所规定的，体现了社会形态的外在表现形式和内在本质内容。正如诺斯所言："制度是一个社会的游戏规则。更规范地说，它们是为决定人们的相互关系而人为设定的一些制约。"[②] 公共组织体系则可以将制度具

---

① 齐卫平：《当代中国政治体制的模式特征论析》，载《比较政治学研究》2010 年第 1 期。

② ［美］道格拉斯·C. 诺斯：《制度、制度变迁与经济绩效》，刘守英译，上海三联书店 1994 年版，第 3 页。

体化为组织结构和权力配置，是制度的外在表现形式。[①] 该类学者认为"制度"是与"体系"相对应的概念。同时，公共组织体系优化背景下的公共组织结构变革蕴含了公共组织的制度变革与机制变革。

综合上述学者对公共组织体系的界定，可以看出公共组织体系以公共组织结构为依托，以组织理论脉络为重要研究支撑。就公共组织变革而言，其核心问题是公共组织结构权力的有效行使和组织结构演化，因而在开展公共组织结构变革研究时，离不开从组织与体系的角度探讨，同时会对公共组织系统中的各子系统及所处的环境及相互关系展开讨论。因此，本书对以公共组织体系变革为依托的公共组织结构展开分析，从公共组织之间、不同层级公共组织之间的管理与被管理、指挥与被指挥的关系分析公共组织制度。其核心是反映组织结构、功能和部门之间的关系。

（三）公共组织职能与公共组织结构变革

公共组织的作用和社会效能被称为公共组织职能。从公共组织职能的概念出发，学界比较统一的认识是公共组织包括法律的执行、公共秩序的维护和社会公共服务三类职能。从当前的公共组织理论发展来看，公共组织职能体现为职能泛化分化的特征。职能重叠交叉的情况下，部门结构冗余，每细化一个公共组织职能，设立一个相应部门，就会导致组织运行不畅，效率低下。从公共组织变革的路径来看，组织变革是依据组织职能进行组织结构重构的过程。从整体性治理来看，组织结构

---

① 张立荣：《中外行政制度比较》，商务印书馆 2013 年版，第 52 页。

变革更是如此，既要顺应整体性治理下公共组织职能转变过程中公共组织职能转变的要求，又要面临组织不确定性带来的风险，探索界定核心职能，丰富协调机制来完善公共组织结构。

再从公共组织结构变革的职能逻辑来看，职能定位和职能整合是公共组织结构变革的逻辑基础。相关联的部门之间核心职能的界定和有机整合是公共组织结构变革的核心，其中职能整合是基础，部门整合只是外在表象。公共组织及其各个组成部门的核心职能定位和整合，需要沿着纵向和横向两种不同的理路展开。就横向变革来看，将分散部门间相互依赖程度高的部门进行职能整合，将边缘职能向其他职能部门、社会组织和市场转移；就纵向变革来看，通过公共组织事权划分等制度变革，遵循组织管理例外原则，将战略性决策和重大注意力集中在更高层，将执行性职能分散在广大基层，至此实现公共组织部门的职责明晰，各级公共组织承担相适应的权责。

第二章 理论视域下公共组织结构变革

本章将对作为理论研究工具的整体性治理理论和组织结构变革理论进行梳理，以及对作为研究对象的公共组织结构进行诠释，并找出影响公共组织结构变革的变量。从核心职能的整合、结构重组以及协调机制三个方面，对理论工具与公共组织结构变革的目标模式、路径构建等进行阐述与分析。

一、整体性治理理论

整体性治理理论主张组织必须跨越过度分工及部门本位等问题，运用沟通、协调与合作，充分整合组织部门间的目标与资源以及有限的经费创造更大的效能，同时与信息化和服务型公共组织变革相结合，有效解决人民的真实诉求，让组织之间形成相互认同、敢于创新并慎用预算的态度和价值。① 整体性治理研究的主要代表人物是英国学者佩利·希克斯和帕却克·邓利维。佩利·希克斯在《整体性政府》（Holistic Government）中提出了"整体性治理"（Holistic Governance）的系统概念。他后续的著作中将"整体性公共组织"一词改为"整体性治理"。目前，国内不同学者对"Holistic Governance"有着不同的翻译②，本书采用"整体性治理"这一译法。佩利·希克斯在诠释整体性治理理论的过程中，构建起基于反思和批判新公共管理基础上的一种新的理论体系。他认为，就组织架构与形态的观察而言，应通过整合层级、功能和公私部门来开展整体性治理，解决"碎片化""分权""部门主义"等议题。可以说，是对新公共管理的反向回答，即重新整合。③ 这一议题在帕却克·邓利维看来，同样秉持逆部门化、大部门式治理以及重新塑造公共组织层级架构等整体性治理思维。可以说，整体性治理已经成为现代公共组织治理理论中的大型理论和新

---

① 韩保中：《全观型治理之研究》，载《公共行政学报》2009 年第 6 期，第 1-20 页。

② 台湾学者林水波将"Holistic Governance"译为"全局治理"。台湾学者彭锦鹏、李长晏和韩保中等则将"Holistic Governance"译为全观型治理。而复旦大学竺乾威教授将"Holistic Governance"译成整体性治理。因此，全局性治理、全观型治理、整体性治理都是对"Holistic Governance"的不同翻译。本书采用整体性治理的译法。

③ Dunleavy P，Margetts H，Bastow S："Digital Era Governance：IT Corporations，the State，and E-Government"，Oxford University Press，2008，p. 227.

的治理范式，值得行政学者广泛研究。① 因此，本部分研究将从整体性治理理论的内涵框架、整合进路及其与公共组织结构变革的逻辑关系进行分析，以说明整体性治理理论在宏观层面对于公共组织结构变革的现实价值和工具意义。

(一) 整体性治理的内涵框架

进入 21 世纪以来，随着信息科技的迅猛发展，整体性治理日渐取代强调碎片化和分散化竞争的新公共管理。整体性治理在西方公共组织变革的潮流中显示出强大的生命力，有效地解决了新公共管理中分散化带来的效率低下等问题。整体性治理作为一种新型的公共组织变革模式，主张从管理走向治理，从部分走向整体，更多地着眼于公共组织内部结构和部门的整体性运作，强调集中与整合。②

公民需求、结果导向和预防是整体性治理的重要思想。20世纪行政学的发展基本上是建立在传统的科层制组织之上的。科层制组织的长期演化使得公共组织功能分化并造成组织间缺乏协调，注重治疗而欠缺预防。以英国这一时期的警务治理来说，虽然公共组织大幅度地增加，警政方面的支出一直在增加，但犯罪率也在提高。究其原因并非警力不足而是公共组织分化产生的结果。整体性治理通过对官僚科层制理论和新公共管理理论的继承与反思逐渐形成了新型的治理模式。该理论相对于传统官僚行政体系而言，被认为是一种基于行政典范的转

① 彭锦鹏：《全观型治理：理论与制度化策略》，载《政治科学论丛（台湾）》2005 年第 23 期。

② 任捷：《国内区域警务合作机制发展趋势理论评述》，载《人民论坛》2016 年第 17 期，第 77-79 页。

移而形成的行政学第三典范，是 21 世纪行政典范的首次转移。[①] 这种转移最突出的体现：一是在治理理念上，以满足公民需求为主导；二是在治理导向上，强调预防与结果。[②] 因此，整体性治理与前两种行政学典范的最大区别就在于以公民需求为运作核心，同时注重对问题的预防与结果导向。[③]

重新整合是整体性治理的重要思想之一。这一思想也是对新公共管理碎片化的有力回击，即逆碎片化和部门化。[④] 从本质上而言，整体性治理是一种以公民和需求为基础的整合。这种整合，在组织结构和形态上体现为"层级的整合、功能的整合以及公私部门的整合"[⑤]。整合的这些策略可以很好地解读整合公共组织的治理选择，有科学的工具价值，具体体现为基于整体性整合的三个策略（见图 2-1）。第一个策略，在治理层级的整合上，强调全球与国家层级的整合、中央与地方机关的整合。第二个策略，在治理功能整合的过程中，强调组织内部功能的整合，公共组织选择以公民和功能为基础，重新整合部门，实现大部门治理，克服部门过度分工产生的碎片化和部门

---

① 彭锦鹏：《全观型治理：理论与制度化策略》，载《政治科学论丛（台湾）》2005 年第 23 期。

② 彭锦鹏：《全观型治理：理论与制度化策略》，载《政治科学论丛（台湾）》2005 年第 23 期。

③ 曾凡军：《基于整体性治理的政府组织协调机制研究》，武汉大学出版社 2013 年版，第 25 页。

④ 任捷：《国内区域警务合作机制发展趋势理论评述》，载《人民论坛》2016 年第 17 期。

⑤ Perri，6. Diana Leat. Kimberly Seltzer and Gerry Stoker："Towards Holisitic Governance：the New Reform Agenda"，Palgrave，2009，p. 29.

化。第三个策略，公共组织可以同非营利组织和私营部门接轨，在公私部门间形成合作伙伴渐进关系。同时，在横向上，注重组织机制的协调运行；在纵向上，注重组织运作价值的整合。①

图 2-1　基于整体性治理行政组织整合的三个策略

整体性治理注重一站式服务，强调信息网络技术和资源整合。由于计算机的发明和信息网络的迅猛发展，从移动互联网到大数据管理再到云时代，现代信息技术的发展使得组织扁平化成为当今社会组织结构发展的重要趋势之一。帕却克·邓利维指出，重新整合是数字化时代治理的核心。他断言整体性治理理论将成为信息时代组织治理和变革所选择的手段和工具。② 他主张整合各类信息科技和资源，通过以科技为支撑的整体协同决策的方式来实现广泛政务数字化。③ 可见，整体性治理理论整合了各类信息网络技术平台和数据库，通过改良网络信息

---

① 曾凡军：《基于整体性治理的政府组织协调机制研究》，武汉大学出版社 2013 年版，第 25 页。

② Dunleavy P, Margetts H, Bastow S："Digital Era Governance：IT Corporations, the State, and E-Government"，Oxford University Press ，2008，p. 223.

③ Dunleavy P, Margetts H, Bastow S："Digital Era Governance：IT Corporations, the State, and E-Government"，Oxford University Press ，2008，p. 223.

治理手段，优化数字情报资源，实现无缝隙公共服务和大数据治理，整合业务和流程，将公共组织整合透明化、服务化。

整体性治理注重治理关系的模式选择，尤其是手段与目标之间的关系。从目标和手段的选择以及二者的关系上来看，佩利·希克斯将公共组织的形态分为以下模式：领主式公共组织模式、渐进式公共组织模式、碎裂化公共组织模式和整体性公共组织模式，如图 2-2 所示。其中，领主式公共组织模式是一种目标和手段相互冲突的治理关系。渐进式公共组织模式则是一种目标相互冲突但手段相互增强的治理关系。碎裂化公共组织模式是目标相互增强而手段相互冲突的治理关系。整体性公共组织模式是最理想的，目标和手段均相互增强。[1] 从佩利·希克斯的论证来看，领主式公共组织模式与碎裂化公共组织模式是无法被接受的。碎裂化公共组织模式是指各部门间目标相近或相同，但缺乏相互沟通与合作的渠道，导致部门间手段、执行工作等出现相互冲突的情形，最终出现部门化的结果就是地盘争夺战。整体性公共组织模式则通过各部门间合作与对话，达成有效的整合与协调，实现政策目标的连贯一致，政策执行手段的相互配合，达到合作无间的目的。[2]

---

① Perri, 6. Diana Leat. Kimberly Seltzer and Gerry Stoker："Towards Holisitic Governance：the New Reform Agenda"，Palgrave，2009，p. 31.

② Perri, 6. Diana Leat. Kimberly Seltzer and Gerry Stoker："Towards Holisitic Governance：the New Reform Agenda"，Palgrave，2009，p. 31.

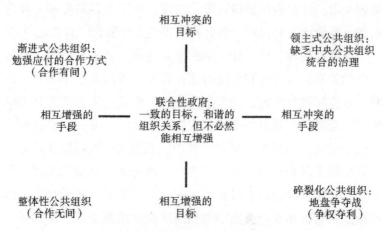

图 2-2　整体性治理目标与手段形成的治理关系①

整体治理理论的价值取向在于追求整体，寻求整体运作价值的最大化。这种追求整体的价值取向，要求组织信任的建立、组织责任感的塑造和组织制度化运作。传统科层制组织强调"金字塔"式结构下稳定的组织文化。新公共管理理论对这一价值取向做了批判，引入顾客至上、企业化公共组织、部门化与竞争等理念。随着新公共管理的不断发展，在西方许多国家公共组织行政中，出现了部门本位的狭隘价值取向。在对新公共管理的反思与批判中，整体性治理形成了以顾客和组织为基础的整体性文化，强调在公共组织间建立信任的组织文化是治理的关键性因素；同时，在实现整合治理的过程中，以诚实、效率和有效性为代表的责任感同样能够体现为管理、法律

---

① Perri, 6. Diana Leat. Kimberly Seltzer and Gerry Stoker："Towards Holisitic Governance：the New Reform Agenda"，Palgrave, 2009, p. 31.

以及行政维度的治理制度强化，实现公共组织在组织层次上寻求责任。[①]

从整体性治理的内涵框架来看，整体性治理理论是以公共组织治理为对象，其核心理念在于满足公民需求，通过科技信息技术、整合机制、制度化策略等，促使各种治理主体整合一致，实现治理层级、治理功能和公私部门的整合以及数据整合，实现整合性的整体性公共组织运作模式。[②] 同样，以分工为基础建立的各级公共组织隶属于公共组织，也是以科层制为组织架构，也要面对科层制带来的分工弊端。以美国的国土安全部为例，在应对"9·11"恐怖袭击事件时，美国的警务运行模式呈现出极度分散化的状态，在情报研判和应急处置的过程中低效甚至无效。其实质在于公共组织内部跨部门协同的工作机制出现了整合效能不足的问题。从整体性治理重新整合思想出发，面对公共组织的进一步发展，整体性组织理念无疑能够带来公共组织效能的可持续性。[③] 从整体性价值角度来说，公共组织在动态发展的过程中，是以整体性理念为导向持续改进的运行机制，以此理论框架为工具分析公共组织变革才具有整体性治理的可持续性。

---

① Perri, 6. Diana Leat. Kimberly Seltzer and Gerry Stoker："Towards Holisitic Governance：the New Reform Agenda"，Palgrave，2009，p. 241.

② 曾凡军：《从竞争治理迈向整体治理》，载《学术论坛》2009 年第 9 期。

③ 任捷：《国内区域警务合作机制发展趋势理论评述》，载《人民论坛》2016 年第 17 期。

（二）整体性治理的整合进路

尽管国内外学者都在使用"整合"这一概念，但理论界对这一概念的界定较少。迈克尔·波特定义整合是通过"策略"完成的。所谓"整合"，即是一连串的"策略"，亦即一连串互动式的活动。国内学者芮明杰认为，"整合，就是综合并协调组织中每个人和部门的活动整体一致的过程"[①]。该定义是从"组织"角度对整合进行界定的。从英语的两个联合词"reconstruction and integration"翻译来看，"整合"也包括了"重构"或"重塑"，以及"一体化"或"统一"等含义，即所谓"整合"，是指重新进行建构，使事物结构一体化的过程。[②]

从上述概念分析可见，整合是一种策略性的工作，目的是克服碎片化难题。就如何迈向整体性治理而言，学界认为整体性治理分为三个阶段，分别是协调阶段、整合阶段和逐渐紧密与相互涉入阶段（见表2-1）。其中，协调阶段是整合阶段的基础，整合阶段是协调阶段的目的。协调阶段需要在明晰共同愿景和发展方向的基础上，将分离领域个体的信息、认知与决定进行连接，认知彼此以避免过度碎片化而变成负面外部性问题。整合阶段则强调执行、完成及采取实际行动，将公共组织政策规划中的目标与手段相互协调予以实践，从而构建无缝隙计划。逐渐紧密与相互涉入阶段是后期研究中加入的。该阶段是指当整体性治理开始生效，组织走向正规化后，可以尝试考

---

① 韩保中：《全观型治理之研究》，载《公共行政学报》2009年第6期。

② 李显君：《管理之本：结构与整合》，中国经济出版社2004年版，第196-197页。

虑更为深入、密切且长期的合作，逐渐走向合并或联合等。这是一种整体具有高度一致，比整合更为紧密的合作方式。整合可以按照合作—整合—行动—评估的步骤来开展，以克服组织的疆界，达成共识性目标。整合的方式可通过调整公共组织疆界，根据不同组织中的功能整合设置新部门，或者通过沟通咨询、协议拟定等方式建立合作伙伴关系。由上述分析可知，整体性治理的理论建构是基于公共组织差异性进行有机整合的系统工程，目的是实现整合与合作的可能性和长期发展。

表 2-1　整体性治理运行阶段①

关系的范畴	主体间关系形态	定义
协调	纳入考虑；对话；联合性计划	考虑到策略发展对他人及他人对自身的影响，信息交换，暂时性联合计划或联合工作
整合	联合性工作；联合及共同开发；数字化	暂时性合作。在重要计划上进行长期的共同规划与工作。这一长期性规划至少与一个以上参与主体的任务有关，独立个体间创造出达成整合与共有的机制
逐渐紧密及相互涉入	策略联盟；同盟；合并	在某些议题上，进行长期性共同计划及工作。这一长期性规划与至少一个以上参与主体的任务有关，形式上的行政统一，但仍维持明确的自主性和身份，相互溶解并创造单一主体及身份的新结构

---

① 曾凡军：《基于整体性治理的政府组织协调机制研究》，武汉大学出版社 2013 年版，第 31 页。

从整体性治理的整合进路来看，对公共组织的研究同样适用其他公共组织的变革。在公共组织进行组织结构变革的过程中，借助该理论工具进行整体性治理共分为三个阶段：第一个阶段为调整组织疆界阶段，也即对组织的职能进行清晰的划定；第二个阶段为组织协调阶段，沟通和对话必不可少，要建立横向的组织协调机制；第三个阶段为协调、整合与合并阶段，该阶段是走向系统有机整合的关键，建立起整体治理的组织架构和组织运作长效机制，实现组织合作的可持续性。

（三）整体性治理理论与公共组织结构变革的逻辑关系

本书运用整体性治理理论作为分析工具，对公共组织结构变革进行构建。整体性治理理论是公共组织结构变革选择的理论分析工具之一。公共组织结构变革在目标模式和变革路径的构建上也可以采用这一理论作为分析工具。因此，有必要将整体性治理理论与公共组织结构变革之间的逻辑关系予以说明。

第一，在整体导向上，公共组织价值取向与公众的现实需要保持一致。随着社会的发展变迁，公众对公共产品和服务的需求也发生变化，从静态的社会服务到动态的社会服务需求日益提高。面对公众的新期待，公共组织也要相应进行变革。组织的变革正是伴随着环境的变化而展开的。因此，公共组织结构变革需要对传统的科层制组织模式进行深刻反思，调整和集中组织目标以满足公民的现实需要，以整体性力量来满足人民的新期待和新要求，提供更好的公共产品和服务。

第二，在组织结构上，以整体性的合作组织取代碎片化的部门孤岛。公共组织在传统的组织模式运转过程中，出现了部门壁垒、信息孤岛等科层制组织的常见病，亟待治疗。整体性治理为公共组织结构变革提供了重新整合这一重要思路，通过组织的层级整合、功能整合以及公私合作，对组织碎片化予以有效治理，从而回应组织变革需求。从组织微调到组织重塑，最终实现组织的整体性治理走向合作型治理。

第三，在技术层面上，探索现代科技融入社会服务与组织变革，推进现代组织从数据治理向智慧治理转型。科技的突飞猛进，也使得信息化取得长足发展。但现实中，由于部门化带来的信息壁垒、信息障碍等体制弊端阻碍了公共组织结构进化，需要对信息网络技术资源进行整合，并借助最新的大数据技术、物联网技术、"智慧+""区块链+"，实现组织数据共享和合作，通过智慧嵌入，实现无缝隙公共服务。

第四，在目标和手段的选择上，整合组织目标和手段构建整合型公共组织结构。公共组织结构变革应借鉴相关经验，选择克服部门碎裂化问题的技术和手段，采取有效的协调机制，建立整体合作无间的组织。整体性治理注重整体决策，主张组织部门间相互协调和整合，让有效的资源发挥更大效能，为组织带来更多的绩效。

第五，在价值取向上，寻求组织信任、责任感和制度化的组织合作价值导向。信任是合作的基础，在公共组织结构变革的过程中，确立信任与合作的价值取向是变革的根本。在整体性治理过程中，强调组织的责任感和担当，通过建立信任和负责任的组织文化，整合组织目标、组织功能、组织结构、组织运行机制等内容，克服部门本位的狭隘价值取向，实现信任、合作、责任感和制度化的组织价值取向。

从整体性治理与公共组织结构变革的逻辑中可以看出，构建公共组织结构涉及行政理念转变、职能重组、利益调整、技术支持等复杂系统工程，打破分割式的管理革命不可能一蹴而就。① 就这个过程而言，公共组织结构变革在总体上要以整体性治理的核心内容为价值导向，运用整合进路的策略，对公共组织的横向治理功能进行整合，对纵向治理层级进行压缩，探索公私合作的组织化运作，按照协调、整合、逐渐紧密及相互涉入的步骤开展公共组织结构变革。但整体性治理理论给出的是组织变革的宏观策略，在具体的组织架构变革、组织与环境互动因素分析以及如何找出决定组织变革的变量等微观层面的问题上，则需要依托组织结构优化的理论分析框架，寻求公共组织结构变革的具体解决方案。

二、组织结构变革理论

从组织成长原理来看，可以说"分化"与"整合"的螺旋式进程是组织结构的演化规律。如果能够把握"分化"与"整合"之间的合理关系，设法促使组织同时达到合理科学的分化与整合，自然能为组织带来高度效能。对任何组织而言，其他周围的组织所形成的集合，都可以说是环境的一部分。当一个组织随着环境的变化其结构由简单逐渐变为复杂时，其组成部门间的相互依赖性便随之提高；而结构分化所带来的问题，也必须加以协调后才能发挥其效能。诚如艾森斯达特所言，分化的结果，必然出现整合的问题。这时对于互相依赖的个体，必须持续加以协调，才能够发挥作用，特别是对于新的

---

① 蔡立辉、龚鸣：《整体政府：分割模式的一场管理革命》，载《学术研究》2010 年第 5 期。

制度、新的认同符号和新的观念，都必须尽快建立起来，唯有如此，才能收到分化与整合之间相辅相成的效果。基于此，现代管理理论主张在组织分化的过程中，对组织职能进行适度综合并强化组织协调机制的作用，有助于优化组织绩效。由此可见，适度减少组织管理层级，扩大组织管理幅度，成为组织变革的一种主流趋势。从目前公共组织行政管理层级来看，存在的问题还是行政管理层级过多，行政组织分化和碎片化导致的组织运行低效等情况突出。因此，在公共组织变革过程中，明确各层级、各部门公共组织职能，根据职能整合情况合并组织结构，协调、理顺各部门关系，压缩纵向公共组织管理层级是结构变革的前提条件。

（一）组织环境互赖性与组织结构变革

美国学者安东尼·唐斯在《官僚制内幕》一书中做过这样的描述："官僚组织或其中某个部门突然接到上级命令，要完成一项紧迫任务。该任务很复杂，需要新的研究与执行方法，需要很多资源，并且必须尽快完成。为了完成这个任务，在官僚组织的正常运作之外，一个新的组织建立起来了。"[①] 假设常规组织是可以以简单化应对复杂化、以确定性应对不确定性的组织结构和形态的话，那么随着组织复杂程度的提升，官僚科层制组织的分化程度就有提高的可能，这就为组织结构整合埋下伏笔。[②] 巴纳德提出的组织结构变革理论将组织视为一个实

_____

① ［美］安东尼·唐斯：《官僚制内幕》，郭小聪等译，中国人民大学出版社 2006 年版，第 171 页。

② 张康之、李东：《任务型组织之研究》，载《中国行政管理》2006年第 10 期。

现协作的协调系统，其关键在于有效地整合。因此，组织结构
变革的核心是组织结构的整合以及有效协调机制的构建。① 西
蒙、马奇和塞特延续了巴纳德的讨论，认为组织的一个最基本
的功能就是会吸收不确定性对其造成的影响，组织环境对组织
结构具有重要影响。后续有关组织结构与组织环境相匹配的理
论研究正是延续了西蒙、马奇和塞特的思想。其理论的核心是
通过讨论组织环境的不确定性和复杂性，研究其对组织结构正
式化程度以及属性产生的影响。② 综合组织结构变革理论的演
化来看，组织环境的确定性、组织的规模程度和组织任务的复
杂程度是衡量组织环境互赖性与组织结构变革相互关系的三个
核心维度。

1. 关于组织环境的确定性的探讨

组织环境的确定性体现为组织的复杂化程度。而组织复杂
化程度是用以衡量组织的管理层级、管理幅度、部门数量和专
业分工的数量。当一个组织的结构由简单逐渐变为复杂时，各
部门间的相互依赖性便随之提高，而结构分化所产生的潜力，
也必须加以整合之后才能发挥效能。这一衡量维度分为横向复
杂化程度和纵向复杂化程度。横向复杂化程度是由专业化分工
和部门化决定的。专业化分工，或者劳动分工都是传统组织理
论的一项基本特征。所谓专业化分工是组织内部职能逐渐分

---

① "协调"（coordination）以及"整合"（integration）这两个概念在
组织理论的背景下是具有内在的一致性的。
② 李文钊、蔡长昆:《整合机制的权变模型: 一个大部制改革的组织
分析——以广东省环境大部制改革为例》，载《公共行政评论》2014 年第
2 期。

离，并形成独立部门的过程。而部门化体现出的职能一体化特征又充分体现了专业化分工的集中协调这一核心组织逻辑。部门化的一大体现就是管理幅度，即在组织结构中，一个专业化部门管理和控制的部门数。因而，专业化分工是部门化的前提。组织垂直管理的层级差异可以有效衡量纵向组织的复杂度。正如巴纳德所研究的那样，将每一个单位合成统一整体的力量，其实就是管理者和执行者行为的同时贡献性。例如，I既是 A 单位组织的领导之一，同时也是 C 管理组织的成员之一。因此，I 在行为和决策的同时对 A 和 C 这两个单位组织来说都具有贡献性。[①] 就组织纵向复杂化程度而言可以分为高耸型和扁平型。笔者采用横向衡量、纵向衡量和纵横结合的衡量方法，反映组织在不同方向上的复杂程度，以及这种复杂程度对组织绩效的影响，进而探讨组织的复杂化程度如何保持在合理、恰当的范围内，适应组织的内、外部环境，保证组织绩效提升的可持续性。

2. 关于组织规模的讨论

规模是指组织的服务和产品的需求量，也就是组织的大小。规模表示组织的边界，即组织与环境的分界线。组织的规模越大，整合的需求也就越深，其信息处理量也随之加大，从而组织与组织之间，或者组织与环境的互动互赖程度也随之加强。组织规模既包括组织形态的规模，又包括组织分工的程度、服务对象的寡众以及产出的多少。许多研究认为，组织规模的程度，随科层组织层级的加强，其组织分化和形式化之间

---

① 朱国云:《组织理论：历史与流派》，南京大学出版社 2014 年版，第 172 页。

存在着正相关的关系。组织规则或规章作为组织形式或程序化的体现，是预防性的控制机制，是组织发展的必然产物。斯科特认为，这是一种极其合理的状况，马克斯·韦伯的官僚科层制理论就体现了组织规则化制度设计。官僚科层制看似集中，事实是允许在遵守规则的前提下，下级成员自主设计决策。① 在坚持规模与复杂化之间存在关联关系这一观点的研究学者中，帕金森的观点很有特色。他不仅预言不管组织要完成的任务是否增加，组织的规模都会以一定的速度扩大，而且他还坚持认为，在组织规模不断膨胀的同时，组织的层级也将随之增加，因为"官员想增加下属而不是对手"。② 实际上，组织规模与组织结构的复杂化之间的相关性还会受到管理幅度的限制，这种相关是有一定前提的，因此在分析管理实践中，也要以权变思想来解析。③

3. 关于组织任务复杂程度的讨论

组织工作的性质越复杂，其牵连的问题越多，牵涉的面越广，从而为了共同解决这些困难所需的沟通量也就越多。在巴纳德提出的管理者和执行者行为的"同时贡献性"例子中，管理人员的行为和决策对两个单位组织都具有同时贡献性。这为工作复杂程度提供了很好的解决思路，即在组织任务复杂程度

---

① 闫洪芹：《公共组织理论：结构、规则与行为》，北京大学出版社、北京航空航天大学出版社 2009 年版，第 38 页。

② ［英］诺斯科特·帕金森：《帕金森定律与上升的金字塔》，载彭和平、竹立家等编译：《国外公共行政理论精选》，中共中央党校出版社 1997 年版，第 200 页。

③ 闫洪芹：《公共组织理论：结构、规则与行为》，北京大学出版社、北京航空航天大学出版社 2009 年版，第 38 页。

高的情况下，有效的职能部门整合十分有必要。

组织环境的互赖性与组织结构变革之间的关系可以用公式来表示，即 I=f（U，N，C）。其中，I 代表互赖量；U 则代表组织环境的不确定性；N 代表组织规模的大小；C 代表工作的复杂程度。[①] 结合上述分析可以发现，公式中环境的不确定性也就是 U 越大，组织规模 N 越大，工作复杂程度 C 越高，所需处理的情报量越大，相比之下整合的需求性随之提高。因此，组织与组织间，以及组织与环境间的互动互赖量也就随之增大。

（二）决定组织结构变革的因素

决定组织结构变革的因素很多，社会学家帕森斯指出，但凡一个组织都必须能够解决下列四个基本问题，否则不称其为组织。如何适应环境？如何决定共同目标并完成？如何协调统一使组织成为单一整体？如何使得组织的成立或发展不错过机遇？从帕森斯的组织定义可以看出，目标、技术、规模和环境是决定组织结构的基本要素。而组织环境匹配理论认为，组织变革是外部环境因素和内部组织因素共同作用的结果。在相对稳定的组织结构中，组织的结构变革依赖如下变量：任务环境的复杂性和不确定性；组织中各组成部分相互依赖的程度和范围；利益一致性的程度，这与组织的本质有关，是为了实现有

---

① 李文钊、蔡长昆：《整合机制的权变模型：一个大部制改革的组织分析——以广东省环境大部制改革为例》，载《公共行政评论》2014 年第 2 期。

效协调。① 这些变量之间的逻辑关系如图 2-3 所示。

图 2-3　组织结构变革的决定因素

1. 关于组织结构变革基本要素的探讨

（1）组织目标。组织目标通常是理性、制度性商议的结合。其制定过程体现了组织内部和外部力量及复杂限制因素的相互作用，适合目的—手段的分析方式。以科层制组织结构为例，科层制组织目标是随着对科层制的不断修正而改变的，组织结构同样也在不断地发生变化来适应组织目标变化和调整的需要。

（2）组织设计的技术。技术从广义上指的是组织执行任务时采用的手段和工具系统。"组织任务和目标要求确定技术系统，即需要具有技能与专业知识、机器与设备的使用技能以及情报处理等与专业化组织要求相适应的能力和技术水平。"②

（3）组织规模。组织的产品和服务需求量被称为组织规

---

① 李文钊、蔡长昆：《整合机制的权变模型：一个大部制改革的组织分析——以广东省环境大部制改革为例》，载《公共行政评论》2014 年第 2 期。

② ［美］弗莱蒙特·E. 卡斯特、詹姆斯·E. 罗森茨韦克：《组织与管理：系统方法与权变方法》，傅严等译，中国社会科学出版社 2000 年版。

模。其与组织的分化和形式化存在着正相关的关系，同组织结构的复杂化和分化的关系更为复杂，伴随着组织规模的扩大，组织结构必然复杂化，也就是部门和层级的增加。

（4）组织环境。任何组织都是环境的一部分，该环境即是其他组织所形成的集合。从当前组织环境的变迁特性来看，组织环境外在变迁程度往往大于内在变迁。组织研究中制度主义强调的是组织对制度环境的适应，组织结构也会根据制度环境作出调整。组织的生存与发展在很大程度上取决于其对环境的适应能力。实践中的各类组织都是根据环境的变化调整组织结构。[①]

2. 关于组织结构变革核心要素的分析

（1）组织任务环境的复杂性和不确定性。在组织互赖性与组织结构变革的研究探讨中，得出组织任务环境的不确定性与工作的复杂性和组织互赖性呈正相关。这一正相关使得组织互赖性成为决定组织结构变革的重要变量之一。

（2）组织各组成部分之间相互依赖的程度和范围。加尔布雷思认为，组织在执行任务过程中信息的需求量是复杂性、不确定性和工作流程之间依赖关系的增函数，而这些要素之间的交互作用又互相增强。例如，不确定性的存在会使复杂程度大大提高。因此，关于环境互赖性与组织结构间的连接关系，组织理论的学者们都曾提及。汤普森借用经济学"垂直兼并"的概念，指出可以将连续的工作阶段和流程合并在一个单独的组织里，即在组织间或部门间互赖性越高，组织结构整合的需求

---

① 闫洪芹：《公共组织理论：结构、规则与行为》，北京大学出版社、北京航空航天大学出版社 2009 年版，第 41 页。

度越大。他将决定组织结构的因素划分为技术变量和任务环境变量，这二者对组织任务环境的不确定性和复杂性产生影响，成为决定组织结构变革的又一决定因素。

（3）组织各部门之间的利益一致性。组织结构同时依赖于各部门之间的利益一致程度。利益一致程度越高，协调成本相对就越低，对特定协调机制的需求就越少。

就各变量之间的逻辑关系如何决定组织结构变革而言，组织的目标、技术、规模和环境决定了组织结构变革。而组织结构变革的走向是由任务环境的不确定性与复杂性、组织间利益一致性、组织间相互依赖程度三者决定的。① 就组织结构整合而言，整合的先决条件之一，就是对组织内各部门间互赖程度和形态的正确分析。在正式化程度高、组织规模大并且互赖性高、组织任务环境复杂的科层制组织中，分化问题突出。组织结构优化的科学策略是整合，这为公共组织结构变革中组织结构模式的选择奠定了基础。

（三）组织理论关于组织结构变革的研究

组织是人类存在及活动的方式。组织理论伴随人类社会的治理和演化积淀了深厚的人类智慧。对组织结构变革理论的探讨离不开对组织理论演化过程中组织结构的探讨，即通过对科层制组织结构特征、组织设计与组织结构原则、组织结构及发展的探讨，运用组织理论发展过程中对组织结构不断深化的规律认识，找出公共组织结构变革过程中组织结构变革的路径和

① 李文钊、蔡长昆：《整合机制的权变模型：一个大部制改革的组织分析——以广东省环境大部制改革为例》，载《公共行政评论》2014年第2期。

方法。

科层制组织研究。马克斯·韦伯认为，官僚集权体制是最理想的组织形态。现代科层制组织结构具有许多明显的特征。第一，这种科层制组织具有普遍性。第二，在任命制最明显存在的地方，官僚制的权力是以最纯粹的形式行使的。第三，根据自由合同任命的地方，使自由选拔成为可能，这也是现代官僚制所不可缺少的。第四，在官僚组织中，技术资格的作用不断增强，即官员需要有专门的知识。第五，官僚制的官员通常能得到一笔固定的薪金。第六，在典型的官僚制中，官员是以其担任的职务作为其主要职业的。尽管不是所有的关于马克斯·韦伯的管理模式的特点都可以在这些特征中体现，但确实描述了两个重要的特征：层级原则和分工导致的专业化。

从科层制的发展来看，官僚制的明显特征也带来了许多不适应时代发展的弊端，即由于采取科层制结构，现代组织在过度强调专业化分工带来的收益的导向下忽视了不断增加的协调工作成本。目前，分工收益增加已与协调成本增加呈现持平状态，有学者称专业化分工已到尽头。因此，在批判和修正官僚制的基础上，就组织理论而言，组织规模同组织管理层次成正比，即组织规模越大，则管理层次越多，包含的成员越多；组织规模与管理幅度成反比，即管理幅度越大，则管理层次越少，每一级领导者管理的人数越多。从现代组织理论的发展来看，适度综合组织职能、强化协调作用、扩大组织管理幅度、促进公共组织结构扁平化是一种主流趋势。就当前公共组织结构管理层级和部门情况来看，公共组织面临着因行政管理层级过多导致的组织运行低效带来的一系列问题。因此，在探索管理体制变革的过程中，对公共组织进行结构变革，明确职能，精简结构，理顺各部门关系，是当前变革的当务之急。

人们普遍认为，将韦伯的著作带入美国学者视野的是哈佛大学的社会学家塔尔科特·帕森斯。帕森斯在《组织理论的社会方法的建议》中将组织定义为，一个能适应具体目标实现的社会系统，而这个具体目标有助于一个更大的、更高级的系统功能的实现，也就是社会的功能。对公共组织而言，就可理解为执行法律和维持秩序。帕森斯应用价值系统是就适应机制、操作规则和整合机制来分析正式组织的类型。首先，适应机制重点关注的是组织获取资源的方法。以美国警务为例，在"9·11"事件之后，组织将安全和治安管理放在了一个很高的位置。同样是以公共组织结构的重新定义和资源重组来完成公共组织的使命。其次，操作规则揭示了通过内部调动众多资源的机制是如何达到组织的目标的。按照帕森斯的观点，可以把组织约束成为一个整体，在主要方向上坚持组织的主要职能。同时，协调对于组织作为系统的一体化是非常关键的，决定了组织的效率。最后，整合机制是由一些制度模型构成的。它把组织的结构和社会的结构连为一体，包括具有哪些组织内职责、组织内行动者的边界和方式都要通过其决定约束其他人或被其他人的决定所约束。

组织设计原理。组织的基本矛盾是分工与协调。分工至少存在三个限度，即分工不能演变为分裂（"身体的分工不能变成器官的分工"），分工不能超过合理的控制幅度，分工不能超越综合协调的限度。基于此，卢瑟·古利克提出组织设计的五条原理。一是组织最高领导者职能定位原理。一个组织的最高领导者最应该履行的职责是"POSDCRB"，其分别代表：计划、组织、人事、指挥、协调、报告、预算。二是顶层综合协调原理。该原理表明了最高层级的协调方式是其他部门难以代替的。最有利的协调是来自战略顶点的协调。三是控制管理幅度原理。合理的控制幅度应符合组织层级间上级与下级的部门间职能设置。四是统一命令指挥原理。五是同质性部门划分原理，即将业务相似、性质雷同的职能尽量由一个部门来管理。以卢瑟·古利克为代表的古典组织理论虽然简单，却历经时间检验，对公共组织结构变革具有较大的参考价值。①

组织结构及其发展理论。在卡斯特和罗森茨韦克看来，系统理论与系统方法同组织理论研究是联系在一起的。在组织理论研究中，人们运用系统思想的历史可以追溯到玛丽·帕克·福莱特在研究管理的心理和社会方面的问题时，主张将管理看作一个社会过程，将组织看作一个社会系统。在福莱特之后，第一批运用系统方法研究组织与管理理论的是切斯特·巴纳德和赫伯特·西蒙，后者将组织看成实现决策过程的系统。切斯特·巴纳德是现代管理理论之父，他的"同时性贡献"理论指出了组织结构整合的必要性。问题是何种力量能将这么多组织细胞统一成一个有机的整体。

沃伦·本尼斯开了组织理论研究中权变理论学派的先河，对官僚组织及其理论的建立与发展过程做了概括，并指出这一适应产业革命需要的理论在现代工业时代受到了挑战。这一挑战既来自内部协调方面，也来自外部适应方面。新变化和新问

---

① 魏礼群、汪玉凯等：《中国现代行政管理体系研究》，国家行政学院出版社2012年版，第72页。

题层出不穷，组织的发展面临着整合、权力配置、解决内部冲突、适应内外部环境、自身革新等新任务。在对组织未来的预测中，本尼斯指出由于组织结构将出现适应性很强的临时性系统，围绕问题设置结构，更多地依靠专业人员的集体作用。①

从组织理论演化过程中对组织结构的认识来看，将功能的专业化与分化，以及结构上的理性原则予以制度化整合运用的是现代化的科层制组织。马克斯·韦伯认为，科层制度化在本质上就是一种现代化的过程。科层制政治组织得以有效发展的主要原因，是源于其高度的专业技术性。这是其他组织结构形式难以比拟的。针对科层制组织的发展，艾森斯塔特认为，在迈向现代化的努力中，功能专业化乃是一个永无止境的过程，它推动了组织的分工，同时也带来了组织的分化，这种分化为组织带来无力感、低绩效和信息孤岛等问题。后续的组织设计和组织原则的提出，以及权变理论的变革，都认为组织因分化而增加的整合需求会不断加强，必须通过整合来改变和分化给组织带来的弊端。

（四）组织结构变革理论与公共组织结构变革

为了更好履行公共组织所承担的使命，公共组织持续探索组织结构改进与优化的方式。组织改进的主要内容包括：识别组织目标、决定组织工作分类、构建职权等级以及平衡权力和责任等。组织改进的过程是由结构专业化贯穿始终的。专业化为组织带来了行动效率和工作熟练度的提升，但同时也增加了

---

① 朱国云：《韦伯官僚组织结构理论的新演变（下）》，载《国外社会科学》1995 年第 11 期。

部门间的冲突和摩擦，使整个组织结构变得复杂，并开始夺取普通的服务资源。[①] 面对传统公共组织结构所带来的弊端，公共组织往往以变革传统的组织设计为开端，向扁平化、网络化、韧性化等组织形态变革。这种变革的模式选择依托于对公共组织所服务职能特点认识的深化。公共组织是开放系统的组织，时刻处于同内外部环境的互动之中，需要不断优化组织职能和变革组织结构，来保证组织绩效与组织韧性的持续提升。

组织理论认为，组织是开放系统的整体。在实际生活中，没有完全封闭的组织，也同样没有完全开放的组织。公共组织的运转时刻处于社会大环境的动态交互之中。随着公共组织外部环境的改变，在摆脱公共组织所面临的困境时，需要形成组织快速反应能力、实战化运作能力以及无缝隙组织服务能力。面对外部环境的迅速转变，公共组织的组织结构在应对环境不确定性时，需要做出调整和改变，通过资源整合来增加组织合作，增进组织开放的认同，以适应组织环境的复杂与不确定，促进日益增加的公共组织部门间和组织间合作，开放系统的组织强调与外部环境的互动、目标的实现以及行动的高效率，提升公共组织的目标导向和组织绩效，达成更高效率的组织运作。

---

① ［美］查尔斯·R. 史旺生、列尔纳德·特里托、罗伯特·W. 泰勒：《警察行政管理：结构、过程与行为》，匡萃冶等译，中国人民公安大学出版社 2013 年版，第 308 页。

公共组织环境的确定性，就外部环境而言，VUCA① 社会的来临，使得公共组织的需求和认识不断提高和更新，给公共组织绩效提升带来了极大挑战。从公共组织外部环境来看，公共组织环境的复杂程度是由存在的横向和纵向分化数量所决定的。规模通常与复杂性有关，公共组织结构通常体现出高架式组织特征。高架式组织特征在危机形势下会导致反应慢、沟通障碍等问题，也就是组织的复杂性随着层级的激增不断增加，并对指挥链上下的信息连接造成负面影响。因为这样的原因，许多公共组织选择重新设计组织结构来扩大组织控制和管理的幅度，减少传统等级数量和部门数量，使组织结构纵向扁平化和横向大部门化。

从决定组织结构变革的因素来看，公共组织在选择变革模式时，要对公共组织的任务环境的复杂性和不确定性、公共组织各组成部分之间相互依赖的程度和范围以及各部分利益一致性的程度进行研究。就围绕分化如何整合结构而言，霍奇和安东尼的观点将其称为整合方法。该方法侧重于将任务合并成越来越大的任务。例如，一个公共组织工作人员的任务主要包括工作任务和职责履行，但当工作者被委以初步调查职责时，其

---

① VUCA，指的是易变不稳定（volatile）、不确定（uncertain）、复杂（complex）、模糊（ambiguous）。将四个英文首字母组合起来，与当今社会环境结合，构成一个完整的概念——乌卡时代。它是指我们目前正处于一个易变性、不确定性、复杂性、模糊性的世界里。"易变性"是指事情变化非常快，"不确定性"是指不知道下一步的方向在哪儿，"复杂性"是指每件事会影响到另外一些事情，"模糊性"是指关系不明确。参见韩践：《培育元能力——VUCA 时代的 HR 提升之道》，载《清华管理评论》2015年第 10 期。

工作会明显复杂起来。由于任务变得复杂，因此需要增加和改变管理和责任层次。如图 2-4 所示，分析组织的任务环境、相互依赖性和利益一致性来优化公共组织职能、调整组织结构以及整合组织的运作机制，实行公共组织结构优化与整体性治理。

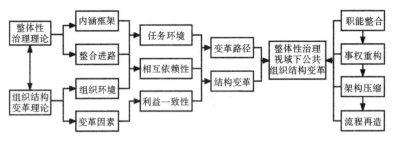

图 2-4 公共组织结构变革的逻辑

综合上述分析获得以下结论：公共组织结构变革，必须通过调整结构和功能、下放权力来了解和适应环境的不确定性，并进行组织职能整合，即实行基于整体性治理视域下的公共组织结构优化。

从公共组织结构变革的理论基础来看，整体性治理理论回应的是公共组织结构变革的宏观方面的制度设计。组织结构变革理论则是从中观和微观层面，对公共组织结构进行技术层面的构建。组织是组织职能的载体和承担者，合理设置组织结构，优化组织结构，推进组织结构扁平化，对于公共组织的职能转变、公共组织的结构变革、提高公共组织实施效能等具有重要意义。优化公共组织结构涉及横向结构、纵向结构、规模结构甚至斜向结构，是一项系统工程，解决和推行相关问题需要整体推进、相互配合以形成整体合力。当然，大手笔的变革还要扩大横向管理幅度，避免部门林立，打破职责同构，实行决策、执行和监督三分原则设置的公共组织部门与结构优化，构建面向公共组织目标的组织协同结构，建立合作伙伴关系用以处理部门壁垒、部门内耗等常见组织结构困境与难题，这些公共组织结构变革措施需要同步推进、协调配套才可能取得预期效果。

第三章　公共组织结构变革的趋势与走向

公共组织结构变革伴随着行政体系变革和行政职能转变而演进。在历史进程中，随着不同国家政治文化的发展和经济、社会的变迁，各国的公共组织都进行了不同维度的公共组织变革。公共组织是公共事务活动的直接承担者和物质依托者，公共组织及其结构在公共组织制度与公共事务活动中有着突出的地位和作用，直接影响着公共组织效能与公共组织目标的实现。因此，如何变革公共组织结构以充分发挥其达成公共目标的重要作用至关重要。本书追溯不同国家公共组织管理体制下的公共组织发展历程，并在此基础上分析公共组织结构变革的逻辑及未来发展趋势。

一、外国公共组织结构变革的案例来源与选择标准

本书采用案例研究方法，通过检索文献收集各国公共组织结构变革情况。笔者以"公共组织结构变革"为主题在 GoogleScholar、CNKI、超星、读库等网站进行案例检索筛选，并结合一些国家官方网站进行案例完善。

笔者依据以下标准对案例进行选定：

一是案例的完整性，即是否清晰呈现公共组织结构变革的演进历程、职能演进、变革模式、组织环境自适应与结构变化等。

二是案例的地域性，即开展公共组织变革的国家是否属于区域代表性国家、高收入国家或发达经济体；公共组织变革是否具有代表性和典型性。

三是案例的独特性，即选取案例是否具有公共组织结构变革的特征；是否呈现该部门下的公共组织结构变革的趋势与走向；是否体现公共组织结构变革的规律性。

经过逐一阅读、筛选后，本书选取英国、美国、法国、俄罗斯、日本五国的公共组织结构变革用于分析，如表 3 - 1 所示。

表 3-1　外国公共组织结构变革案例

编号	案例名称	案例出处
G1	英国公共部门组织结构变革	夏菲：《论英国警察权的变迁》，法律出版社 2011 年版。 Johnston L. Policing Britain：risk，security and governance［J］. Pearson Education Limited，2000. 陈晓辉：《英国警察制度研究》，吉林大学出版社 2012 年版。 彼得·乔伊斯：《警务发展与当代实践》，曹志建译，知识产权出版社 2015 年版。 赵旭辉：《英国警察管理体制对警察事权划分的借鉴与启示》，载《公安学刊》2015 年第 2 期
G2	美国公共部门组织结构变革	黄爱武：《战后美国国家安全法律制度研究》，法律出版社 2011 年版。 Robert·M·Fogelson. Big－city Police［M］. Mass.：Harvard University Press，1975
G3	法国公共部门组织结构变革	林琼柔：《法国警察史沿革与研究初探》，载《警察通识与专业学术研讨会论文集》（出版单位、时间不详） 赵旭辉：《中外警务比较研究——公安变革思考》，中国人民公安大学出版社 2016 年版。 何家弘：《中外司法体制研究》，中国检察出版社 2004 年版

编号	案例名称	案例出处
G4	俄罗斯公共部门组织结构变革	陆南泉：《转型中的俄罗斯》，社会科学文献出版社 2014 年版。 张杰：《中国与俄罗斯警务合作与警务比较》，中国人民公安大学出版社 2012 年版。 崔皓旭：《俄罗斯警察制度变革——梅德韦杰夫执政的亮点》，载李永全主编《俄罗斯黄皮书：俄罗斯发展报告 2012》，社会科学文献出版社 2012 年版
G5	日本公共部门组织结构变革	李明：《日本警察结构设置与中国警务管理体制变革思考》，载《辽宁公安司法管理干部学院学报》2010 年第 1 期。 孟庆超：《另一种和谐：儒家传统对日本警察执法的影响》，群众出版社 2007 年版

二、外国公共组织结构变革的案例分析

基于前述一些国家公共组织结构变革的案例整理，本书进一步分析这些国家进行公共组织结构变革的趋势与方向。

（一）英国

英国公共组织体系，与其他国家的行政部门十分不同，其采用中央与地方相互制约、共同负责的模式。以英国警察系统为例，英国的警察系统具有相对的稳定性，分别由中央和地方的警务结构组成，还包括专门的警察结构。但警察结构的设置同行政区划的设置并不完全吻合，也不随行政区划

的变动而变动。① 英国的警察管理体制呈现三角形结构，中央警务机关与地方的警察结构间以及各警局之间没有隶属关系。英国内政部、警察局局长和地方警察委员会相互制约、各负其责。

内政部是英国最大的公共组织部门之一，同时也是英国中央警务管理机关，其首脑是内政大臣。内政部本身并不是警察机关，不享有执法权力。

英国内政部的内设结构分别为：

（1）执行性非部委公共结构（Executive Non-Departmental Public Body，Executive NDPB）；

（2）咨询性非部委公共结构（Advisory Non-departmental Public Body，Advisory NDPB）；

（3）仲裁性非部委公共结构（Tribunal Non-departmental Public Body，Tribunal NDPB）；

（4）独立的监督委员会（Independent Monitoring Body，IMB）；

（5）其他类型的公共组织结构。

英国内政部的具体结构和运作关系见图3-1。

---

① 孙长永：《侦查程序与人权——比较法考察》，中国方正出版社2000年版，第52页。

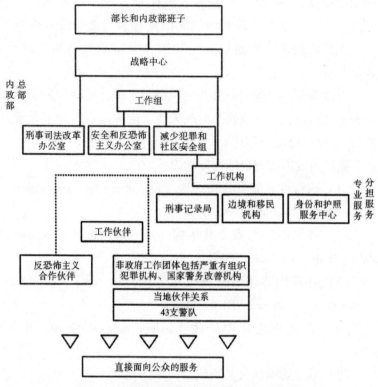

图 3-1　英国内政部的具体结构和运作关系①

　　英国公共组织结构的变迁相对独立于英国行政区划的变化，但演化趋势却十分相似。英国行政区划及公共组织部门的变革趋向于一种整体性治理的变革，公共组织结构演进体现出严格的组织法定、扁平化和部门整合的特征。英国公共组织结

　　① 　陈晓辉：《英国警察制度研究》，吉林大学出版社 2012 年版，第 55 页。

构伴随国家与地方完全分权模式转化为中央与地方部分分权的体制。① 根据英国的发展脉络，可以发现法律的规制是整个公共组织变革的依据。笔者以此为依据将英国公共组织结构的历史沿革划分为以下几个阶段：

1. 英国公共组织结构的合并与整合阶段

这一时期的公共组织结构呈现渐进式整合的趋势，英国《1888 年地方公共组织法》是这一趋势的代表。以警察组织为公共部门代表来看，英国《1919 年警察法》设立了一个名为"警察联合会"的结构，并引入了若干中央化措施，包括允许内政大臣发布有关警察工作条件（包括管理、薪金和津贴等）的法规。②

此后，英国《1964 年警察法》出台，规定了警察局长对警察组织的权力。该法颁行后英国对警队进行了一系列合并，将警队的数量从 1968 年的 126 支减少到了 1974 年的 43 支，苏格兰的警察局从 33 个合并为 8 个，这是典型的以整合组织结构为特征的公共部门组织结构变革。

英国《1964 年警察法》的颁布标志着英国警察体制向集中体制靠拢的重大变化，已不再是地方自治体形式，而成为中央与地方相结合的体制。③

---

① 高文英：《警察行政法探究》，群众出版社 2004 年版，第 59 页。

② ［英］彼得·乔伊斯：《警务发展与当代实践》，曹志建译，知识产权出版社 2015 年版，第 5 页。

③ 宋万年、宋占生等：《外国警察百科全书》，中国人民公安大学出版社 2000 年版，第 918 页。

2. 公共组织纵向结构变革阶段

该阶段是以区域刑事犯罪侦查组织结构变革为代表的。英国区域刑事犯罪垂直管理是在打击犯罪的需要和社会安全的需求不断增大的背景下实现的。从图 3-2 中可以看到，根据《1964 年警察法》，1964 年英格兰和威尔士成立了 9 个跨区域重案队（Region Crime Squads，RCS），1986 年增设了毒品犯罪侦查支队（RCS Drugs Wing），1993 年合并为 6 个跨区域重案队。

20 世纪 80 年代以后，恐怖主义犯罪、有组织犯罪和网络犯罪日趋严重。为加强打击犯罪的能力，公共组织需要建立起统一指挥调度机制，进一步整合警察组织，强化警察的中央控制。至此，《1996 年警察法》诞生。该法选择维持《1964 年警察法》所确定的基本结构，即三方负责制。① 在《1996 年警察法》颁布后，将 6 个跨区域重案队改组，成立了国家刑事犯罪重案署（National Crime Squad，NCS），又名全国犯罪调查局。1992 年，内政部成立国家刑事犯罪情报署（National Criminal Intelligence Service，NCIS），又名全国犯罪信息情报服务局。

---

① 夏菲：《论英国警察权的变迁》，法律出版社 2011 年版，第 35 页。

图 3-2　英国国家刑事侦查组织结构变迁（1964—2013 年）

　　2004 年 2 月 9 日，英国首相布莱尔宣布，将对英国执法结构进行重大变革，英国公共组织准备组建类似于美国联邦调查局（FBI）的全国性警察力量。公共组织还将采取其他严厉的措施，目的是更有效地打击有组织犯罪活动。① 2005 年颁布的《2005 年严重有组织犯罪和警察法》将国家刑事犯罪重案署和国家刑事犯罪情报署合并为严重有组织犯罪局（Serious Organized Crime Agent，SOCA），专门打击毒品走私、欺诈及其他有

----

　　① 赵旭辉：《英国警察管理体制对我国警察事权划分的借鉴与启示》，载《公安学刊（浙江警察学院学报）》2015 年第 1 期。

组织犯罪活动。内政部向严重有组织犯罪局提供财政支持。依据《2005 年严重有组织犯罪和警察法》，2006 年 4 月内政部正式组建国家严重有组织犯罪局。国家严重有组织犯罪局由国家刑事犯罪重案署（NCS）、国家刑事犯罪情报中心（NCIS）、海关的调查结构和移民局的调查结构整合而成。2013 年，国家严重有组织犯罪局整体划入国家犯罪调查局后被撤销。国家犯罪调查局（National Crime Agency，NCA）的正式成立，意味着警察刑事侦查职能被整合，刑事侦查工作公共组织结构运行的工作格局形成。该局设立的七大部门如图 3-3 所示。①

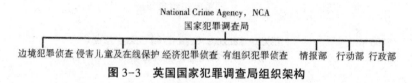

图 3-3　英国国家犯罪调查局组织架构

　　用法律来推进公共组织结构合并是英国公共组织结构变革的主要特征。同时，英国公共组织结构变革也是为适应环境的需要。就英国的警察组织结构变革来看，英国现代警察是建立在英国工业革命背景之下的，社会经济结构的巨大变化引起阶级的变化，使得社会出现了骚乱以及严重犯罪问题。正是环境的不断变化，催生了公共组织结构一次又一次的变革。总之，英国公共组织不断整合走向整体性治理，一方面是职能厘清、组织效能提升的需求，另一方面也是经济效益的要求。这个过

---

　　①　该局现有编制 4500 人，年度预算为 4.64 亿英镑。参见赵旭辉：《中外警务比较研究——公安改革思考》，中国人民公安大学出版社 2016 年版，第 18 页。

程中可以清晰地看到中央与地方的角逐，在自治传统中英国公共组织是以权力分立为核心的，随着公共组织结构的不断完善，英国中央对行政权的控制与博弈也在不断演化。

（二）美国

美国行政权分散，在组织架构设置上受英国影响，其公共组织结构从一开始就带有分散多样的特点，并且这种高度分散和多样性一直延续至今。[①] 以社会力量对公共组织的影响为依据，可以将美国公共组织的沿革划分为以下几个阶段：

1. 公共组织专业化运用阶段

在公共组织的专业化进程中，警察组织极具代表性。英国职业警察始于 1829 年英国的皮尔警务变革。类似的警察队伍在美国始于 1845 年，美国警察专业化运动的目的是通过专业化摆脱地方政治势力对警察的控制，开发专业化警察分工。[②] 这种专业化或职业化始于奥古斯特·沃尔默开展的变革。他对伯克利市的警察进行了专业化改革。重点改革的是早期警察统一使用的彭德尔顿法案所规定的公务员管理制度。1883 年的彭德尔顿法案致力于消除联邦公共组织中政党分赃制的弊端。之后这一法案受到各地的效仿，并建立了公务员制度。但警察组织结构运用公务员制度管理，却产生了极大的局限性。这种局限性体现在抵制权力滥用的过程中，公务员制度常常成为玩忽职守与无法胜任的保护伞，也成为警察部门混乱无序状态的主

---

① 高文英：《我国社会转型期的警察权配置问题研究》，群众出版社 2012 年版，第 47 页。

② 王大伟：《外国警察科学》，中国人民公安大学出版社 2012 年版，第 295 页。

要原因。① 为消除这种局限性，美国公共组织结构在变革期间，坚持政治与行政相分离，改变政治结构。比如，建立委员会制作为监督系统。② 同时，扩大公共部门领导者权力，合并或消除区域划分，实行公共组织集约化运行。③ 这种模式的公共组织主导力量明晰，分工权限明确，遵循层级原则和纪律，是较为典型的官僚制结构。

2. 社区化带来的公共组织结构变革阶段

自 20 世纪七八十年代以来，犯罪的激增使美国传统的公共治理模式遭到质疑。随着专业化运动的深入，美国公共组织呈现出形式化、官僚化的特征。这种遵守层级原则并保证指挥效率的组织结构，反而抑制了创新。在此背景下，社区化导向的公共组织结构变革得到了广泛应用。社区导向化的公共组织明确了公共服务的重要性，体现了公共组织结构的扁平化特征，形成了较为开放且能够围绕公众需求进行持续改进的组织模式，即以扁平化提升公共组织绩效和社区治理效能。

3. 信息化发展带来的公共组织结构整合阶段

20 世纪 80 年代，计算机的普及以及地理信息系统（GIS）技术的广泛运用，给公共部门的结构和机制转换带来了契机。社区化、扁平化公共组织问题的解决策略，使现代科技与组织

---

① ［美］查尔斯·R. 史旺生、列尔纳德·特里托、罗伯特·W. 泰勒：《警察行政管理：结构、过程与行为》，匡萃冶等译，中国人民公安大学出版社 2013 年版，第 10 页。

② Robert M Fogelson："Big-city Police"，Harvard University Press，1975，p. 76.

③ Robert M Fogelson："Big-city Police"，Harvard University Press，1975，pp. 44-60.

变革之间形成了协作。通过运用新技术，加强了公共组织内部以及公共部门与其他组织结构间的沟通。新技术的运用很好地解决了科层制组织中信息传递慢和信息闭塞的问题，做到了公共组织架构下部门信息的共享，保证了信息搜集的充分性，开放了组织沟通渠道。实际上，这也是将分散化组织信息整合的重要方式。随着信息化的纵深发展，美国公共组织结构也在后期经历了更为深刻的变化。

4. 2001 年后美国公共组织结构的进一步整合阶段

"9·11"事件爆发后，美国国家安全管理体制的严重缺陷暴露。该事件有如催化剂一般促使美国公共组织和国会迅速达成共识，使美国整体公共组织结构变革进程加速。此次变革的目标是保障美国国土安全，加强公共组织中安全结构间的合作与协调，实现资源和成果共享，进而提升整体安全运行体系效率。

一是破除公共组织部门间的壁垒，整合新的公共组织体系。部门间的信息壁垒重重，严重影响了美国安全治理的迅速反应能力。为此，美国出台了《2004 年情报改革和防范恐怖主义法》，扩大了情报界的信息涵盖范围，将美国海岸警卫队的情报结构纳入国家安全情报体系。同时，设立国家情报人员直接向总统负责制度，并组建美国国家情报办事机构，即国家情报主任办公室。

二是增强公共组织核心职能，成立国土安全部。"9·11"事件后，为防止恐怖分子对美国本土各类目标实施恐怖袭击，建立高效的反恐国土安全体系成为美国公共组织的首要任务。2003 年，美国《2002 年国土安全法》正式生效，依据该法成立的属于内阁部长级部门——国土安全部（Department of Homeland Security，DHS）① 由美国 22 个联邦机构合并重组而成，工作人员达 17 万人。这是美国继 1947 年成立国防部、中央情报局和国家安全委员会以来，成立的最大的公共组织部门，也是美国联邦公共组织部门 50 多年来最大的重组。② 其主要职责是防止恐怖分子在美国境内发动袭击。一旦发生恐怖袭击，将损害降至最小并加速恢复重建能力。国土安全部采用了公共组织结构设置，成立了北方司令部、国家反情报执行办公室、国家反恐中心、国家反扩散中心、国家地理空间情报局、财政部反恐与金融情报办公室。

三是提升公共组织的韧性与协同性，改组公共组织中的安全部门。2002 年，美国为从根本上改变公共组织运行方式，把安全作为首要任务，以适应"9·11"事件后美国国家安全需要，把被动反应型的联邦调查局变为主动行动型的执法单位。这项号称"彻底整顿的变革计划"包括：改变领导层结构，施行分块管理与直接指挥相结合的机制，增设 4 个局长行政助理，直接对局长负责，分别负责犯罪调查、反恐与反情报、执法服务和日常行政；增设内部结构，如网络犯罪处、安全处、执法协调室、情报室等。2005 年，时任美国总统布什命令，将原来的反恐处、反情报处、情报部合并成国家安全分局（National Security Branch，NSB），内设反恐怖主义事务处（Coun-

---

① Baker J. E.："In the Common Defense：National Security Law for Perilous Times"，Military Review，2009（3）.

② 魏宗雷：《美国的危机管理机制》，载《国际资料信息》2002 年第 11 期。

terterrorism Division）、反情报处（Counterintelligence Division）、情报部（Directorate of Intelligence）和大规模杀伤性武器事务部（Weapons of Mass Destruction Directorate），接受联邦调查局局长和国家情报主任的双重领导，旨在加强联邦调查局内部执法部门与信息情报业务部门的合力，提升公共组织安全保卫能力。[①]

美国公共组织变革是美国分权、分治的体现。美国实行完全分权的领导体制，公共组织的部门、架构设置由联邦、州、市、县自行决定。同时，美国公共组织结构变革受环境影响，特别是根据犯罪趋势的变化而进行变革，从公共组织的专业化到社区化再到信息化，都顺应了公众对公共部门的期待。从美国公共组织的部门设置来看，其通常采用面向社区的扁平化结构设置。以美国城市警察机关为例，通常采用四到五个扁平化部门。此后，美国公共部门组织结构变革紧紧围绕破除组织壁垒而展开，整合职能交叉的部门，为履行公共职能而持续改进公共组织体系。此外，美国公共组织的组织法定化程度相对较高，法律制度同样体现分散自治特征，以法律形式明确限定公共组织的职权范围。这些公共组织职能在法定授权范围内实施相关活动。

（三）法国

法国公共组织结构变革具有双重属性，一方面通过组织部门间的权力制衡来克制权力本身的扩张性，使之在法治框架下

---

① 黄爱武：《战后美国国家安全法律制度研究》，法律出版社 2011 年版，第 225 页。

运行；另一方面有效提升组织弹性与相辅性。围绕双重属性，法国自1941年至今不断进行公共组织部门结构优化，呈现出整体性治理下公共组织结构变革的整合化趋势。

1. 早期的"简化与统一"公共组织结构变革

法国的该项变革是以法律形式推进的，主要体现在警务部门通过省级行政首长的职能划分，确立大行政区体制，并设立和授权不同的公共部门。这是法国在第二次世界大战后进行的深刻公共组织变革，形成了公共组织运行的基本规则，确定了具有代表性的现代警务基本章程。① 该项变革的主要内容在于精简职能和组织结构。根据公共部门的职能，进行整体部门整合与职责归并。

2. 1966年国家警察的成立和职能与结构的整合

法国公共组织结构变革的代表性事件是1966年法国国家警察的成立。在组织法定的前提下，法国内政部通过一项新法令对法国的行政体系，即公共组织结构进行职能与结构的整合，形成较为精简和统一的公共行政部门体系，如1971年设立的巴黎地区警察行政总署，就是受1966年公共组织变革影响并根据1971年的法令整合设置的。

3. 1995年以来公共组织职能与结构的进一步整合

伴随欧盟时代来临和城市化进程加速，法国公共组织又进行了具有整体性治理特征的组织结构整合。20世纪早期，公共部门的职能通常以服务大型城市、都会地区为主，一般为人口在1万人以上的地区。其职责包括这些地区的公共服务、社会

---

① 何家弘：《中外司法体制研究》，中国检察出版社2004年版，第217页。

管理和公共安全。由于传统的公共部门服务人员和人口配比不能适应新的变化。所以法国 1995 年进行了有关公共组织部门的职责调整，如负责安全的国家警察将传统的服务 1 万人修改为服务 2 万人以上的城市，国家宪兵则负责城市周边郊区、乡村等广大辖区的治安管理和公共安全。从 1992 年开始，机动宪兵与机动警察部队的调动有了共同的协调机制。因此，这次公共部门的组织结构变革更注重迎合城市化的需求，整合公共部门的职责范围，使公共部门的组织职能和组织结构得到了进一步整合。

法国公共组织结构变革随着环境的变迁，组织法定作用较大。早期，法国公共组织变革为应对城市化发展进行了职能整合，探索出公共组织整体性变革。此后，为应对欧盟一体化，在 2003 年至 2005 年进一步整合了公共组织职能和部门结构。这次变革使其法式警政管辖区制度得以出现并被其他国家纷纷效仿，如加拿大皇家骑警。[1] 法国公共组织在地方设置派出结构时，选用跨区域设置派出机构，[2] 呈现出典型的整合型公共组织结构变革特征。从法国公共组织结构变革中可以看到组织为适应环境而改变，组织改善自身结构从而适应环境的发展变迁，正是结构和维度的不断变化，使法国公共组织可以有效地制衡行政权力，形成在全国范围内的调度、指挥，以及标准的

---

① Other French Institutional Key Bodies: Gouvernement. France［EB/OL］.［2017-01-19］. http://www. gouvernement. fr/en/other-key-bodies.

② 法国国家警察总局中承担维护地方治安管理职责的派出机构数量相对较多，承担警务监督、刑事司法职责的派出机构相对较少。参见赵旭辉：《中外警务比较研究——公安改革思考》，中国人民公安大学出版社 2016 年版，第 35 页。

统一。当然这种组织结构变革之下公共组织结构仍然面临挑战，如近年来法国公共组织所面临的行政效能不足、城市治理相对弱化以及恐怖袭击等安全挑战，也为公共组织结构的进一步优化和持续改进埋下了隐患。

（四）俄罗斯

俄罗斯公共组织结构变革伴随经济社会的发展逐步深入。公共组织结构经历了分合变迁，并朝着功能整合、结构精简的整体性公共组织结构改进。以俄罗斯内务部为例，该部门是俄罗斯保护公民自由权利、捍卫法律秩序的联邦公共组织部门之一，归总统直属管理。俄罗斯内务部早期的结构设置较为复杂，没有总局和局的实体结构，随着公共组织结构变革的不断深入，产生了许多新的结构和职能，后又进行整合。[①] 通过多次结构整合，俄罗斯公共组织结构设置呈现出整体性变革趋势。俄罗斯内务部将全国分成 8 个区，每个区建立一个内务总局，内务总局下设内务局，具体包括远东地区联邦内务总局、伏尔加联邦区内务总局、西伯利亚联邦区内务总局、北高加索联邦区内务总局、西北联邦区内务总局、乌拉尔联邦区内务总局、中央联邦区内务总局、南联邦区内务总局。[②] 在俄罗斯公共组织结构历史沿革中，较为重要的两次变革时间点分别是2004 年和 2011 年。这两次变革通过公共组织与体系的调整，变革和完善了相关制度，呈现出精简组织结构的趋向。

---

① 张杰：《中国与俄罗斯警务合作与警务比较》，中国人民公安大学出版社 2012 年版，第 1 页。

② 张杰：《中国与俄罗斯警务合作与警务比较》，中国人民公安大学出版社 2012 年版，第 13 页。

1. 2004 年公共组织结构变革

随着俄罗斯公共组织结构变革的不断推进，公共组织结构变革的重点任务是精简结构并优化流程，清除各联邦内部的多余环节，提高各联邦领导者的地位以及公共组织工作人员工资，提升部门整体工作效率。在该变革精神的指导下，根据2004 年 11 月 5 日俄罗斯普京总统 1407 号令，内务部将原来的37 个局进行整合，改组为以下机构：办公厅、干部保障司、道路安全保障司、非对外领土秩序保障司、交通管理司、治安管理司、反有组织犯罪和恐怖主义司、财产安全司、后勤司、刑事侦查司、经济安全司、组织监察司、条法司、金融司以及内务部调查委员会和内务部内卫军总指挥部。① 这一改组形成了整体的公共组织部门整合，可以看出俄罗斯公共部门渐进式进入整体性治理走势。

2. 2011 年公共组织结构变革

2011 年是俄罗斯公共组织结构变革较为有代表性的一年，突出体现在公共安全领域。《俄罗斯联邦警察法》的颁布标志着俄罗斯公共组织结构进入部门重组与职能重塑的新阶段，通过对内务部的结构与职能定位，将结构进行精简，探索公共部门整体性治理模式。

俄罗斯公共部门组织结构变革是基于组织法定原则展开的，每一次的结构变革都以法律的修订为前提条件，通过法治化进程实现公共组织职能与结构的完整性和系统性，同时，考虑俄罗斯联邦地方自治的发展进程与问题，构建联邦国家行政

---

① 张杰：《中国与俄罗斯警务合作与警务比较》，中国人民公安大学出版社 2012 年版，第 40–42 页。

权力的组织法律体系，不断推进俄罗斯公共治理现代化，旨在建立一个符合现代化要求的、全新的专业化公共行政体系。

（五）日本

日本的公共组织是由内阁府下的东北、关东、中部、近畿、四国、九州等所辖行政组织体现的，由作为地方自治体结构的各都、道、府、县设置的组织结构共同构成的。日本公共组织在不断变革的过程中，其职能和结构整合呈现整体性变革走向。日本公共组织变革早期与军事职能相混、结构合一。明治维新后日本模仿欧洲，其近代公共组织结构诞生。此后，日本公共组织结构经历了从中央集权到地方自治，再到中央集权与地方自治相结合的过程。

1. 明治维新至第二次世界大战阶段

日本明治维新时期，先后借鉴法国、德国等欧洲国家公共组织架构和模式。随着公共组织对近代公共组织结构和体系探索的逐步深入，日本对公共组织进行了一系列变革。1874年，《内务省组织制度及十五章程暂行规定》确定了内务省职能和隶属关系，将统管全国警察的司法省警保寮划归内务省。1976年，日本政府公布的《地方官官制》将各府县公共组织体系进行了优化。从现代组织理论来看，组织的过度集权化，使组织行为也呈现极端性变化。在日本公共组织历史沿革过程中，明治时期以组织法定的方式将警察组织深入社会的每一个角落，此时的日本警察不仅管理社会治安，同时还管理人的行为，这无疑使明治末期的日本成为警察国家的典型代表，为法西斯政治的实施提供了土壤。

2. 第二次世界大战后，日本公共组织变革中，对组织体系的变革成为重中之重

为彻底铲除日本公共组织的中央集权体制，防止其独断专行，日本对公共组织结构，尤其是警察体制进行了大规模的变革，实行了公安委员会体制，并构建了国家地方警察和自治体警察并存的双重体制。该体制建立的主要目的是通过由富有良知的人士组成的委员会实施行政监督，确保警察机关的民主行政和政治中立性。同时，1947 年日本政府颁布了《日本警察法》（以下简称《旧警察法》），限定警察的职能和任务是保护国民生命、人身及财产安全，侦查犯罪，维持治安管理。然而，《旧警察法》实行没多久，日本各地发生骚乱、财政负担重等弊端显现。显然《旧警察法》限定下的警察组织并不适应日本传统警务习惯，民主化效率低下，分散化而合作不足，体制不顺问题突出。1951 年至 1953 年，日本公共组织多次修改日本《旧警察法》，并酝酿出台适合日本国情的新的警察法。

3. 公共组织为适应社会环境的变化进行适度调整

同样以日本的警察部门为例，1954 年 6 月日本颁布的《警察法》（以下简称《新警察法》）沿用至今，但《新警察法》所确定的警察制度及警察组织结构没有变化。在吸取《旧警察法》带来的弊端教训的基础上，《新警察法》确立了以国家警察厅为中心，涵盖各都、道、府、县的警察结构，以国家公安委员会与都、道、府、县委员会相并行的集权与分权相结合的警察管理体制。国家警察厅的部门设置为 6 个，设长官官房、生活安全局、刑事局、交通局、警备局、情报通信局。精简职能结构设置。以都、道、府、县警察组织设立为例，根据《警

视厅和都道府县警察本部及方便本部的内部组织基准》，警视厅内设总务部、警务部、生活安全部、地域部、刑事部、交通部、警备部、公安部 8 个部门①。都、道、府、县警察本部设置经历了从 8 个部门到 7 个部门的演化。现今的都、道、府、县警察本部内设总务部、警务部、生活安全部、刑事部、交通部、警备部、地域部 7 大部。从这种整合结构职能并精简部门设置的做法可以看出，日本公共组织变革通过部门的整合实现职能、运行机制的优化，并逐步走向整体性治理。

　　日本公共组织结构变革体现了组织在面对环境的复杂性和不确定性时不断调整适应的过程。早期的日本公共组织结构变革是受到西方理论影响而变革分化的，也顺应了工业社会组织分工的要求，将公共组织从军事组织中独立出来。随着日本公共组织对公共组织结构的深入认识，其公共组织的设定逐渐以法律为准绳，采用严格的组织法定。以法律的形式强化公共组织部门的横向权力，虽然保证了组织集权与组织分权之间的制衡，但由于组织的集权不足，导致组织分散、效率低下，致使变革失败。因此，日本公共组织通过借鉴以往经验，从组织的集权与分权中得到平衡，整合各组织层级部门数量和组织职能，并持续改进，呈现整体性组织结构变革趋势，形成现今日本的公共组织体系。

---

　　① 除内设部门外，警视厅另下辖 101 个警察署，附设 1 个警察学校。参见公安部外事局：《日本警察及部分执法结构概况》，群众出版社 2003 年版，第 30 页。

三、比较与借鉴：公共组织结构变革的趋势与走向

从上述国家的公共组织结构变革的案例来看，公共组织变革趋势都有共性所在，即公共组织的整体性变革趋势是十分清晰的。

1. 公共组织在本质上反映的是公共组织间的关系

因此，公共组织的设计同样反映这一本质。公共组织是公共组织机关的组成部分，不同层级公共组织之间的管理指挥关系，归根到底是不同层级公共组织间关系的缩影和具体表现。以法国警察管理体制为例，其警察组织由国家警察和国家宪兵两大并列警察系统组成，这两大警察系统内部实行的是垂直领导体制。国家警察受中央公共组织中内政部的管理、指挥，国家宪兵受国防部的管理、指挥，当二者的工作涉及刑事司法时，则由司法部对刑事侦查和刑事证据实行司法控制。二者对各自系统的日常业务、人事、财务等实行全面领导。由此可见，公共组织的架构是由国家公共组织间的关系决定的，不同的国家行政体制决定了公共组织结构的不同类型，二者密切相关。

2. 公共组织结构所依托的组织职能趋向整合

组织职能是依托组织设计而实现的。依据不同的组织设计原则和不同的公共组织实践，各国研究学者对公共组织进行了不同的部门分类。多数研究学者通常把公共组织中的部门划分为以下几大类：刑事执法类部门、行政管理类部门和保障类部门。以英国为例，内政部既是英国的中央警务管理机关，也是英国最大的公共组织部门之一。英国内政大臣的职责是：减少

犯罪、保障国家安全、反恐怖主义、移民、国内紧急情况处置及费用问题。英国内政部总部主要包括：安全和反恐怖主义办公室、减少犯罪和社区安全组、战略中心、专业服务机构。从组织结构设置可见，各国的结构设置都是公共部门职能的一种体现。公共部门职能具有趋同性，组织设计同样具有这一趋势。

3. 上述国家均对公共组织环境的变化做出动态调整

尤其是在跨国犯罪和恐怖主义犯罪对上述国家公共组织架构影响突出的情况下，上述国家持续改进公共组织结构，以适应外部环境需求。以美国为例，在"9·11"事件之后，为应对恐怖主义犯罪，美国组建了国土安全部，并对联邦警察组织进行了进一步整合，原分属联邦公共组织其他职能部门有关安全的职能，进一步整合到了联邦公共安全治理体系中。在这次整合中，与所有国土安全功能有关的22个机构并入了国土安全部。再以俄罗斯为例，俄罗斯以刑警为载体的部门发生过两次重大变动：第一次变动是2002年将禁毒委员会列入刑警系列；第二次变动是在刑警系统内增设专门打击高科技犯罪的部门。从这两次变动中可以看出，公共部门的组织结构要始终为公共组织环境形势的变化做出相应变革。

4. 公共组织遵守严格的法治原则，通过法律的形式将组织法定化

以美国警察组织为例，美国各地警察组织分别依照本地的法律规定，即便是联邦调查局也同样在法律的规制之下，根据《关于联邦调查机构作用及职权法案》的规定获取相应的授权，

联邦调查局设有 1 个总部、56 个地方分局和 63 个海外办公室。① 再以英国警务变革为例，英国警察组织变革就是以法律推进警察各部门走向整合，形成公共部门整体化运转模式，多次颁布不同的法律对结构进行精简合并。可见，整体性治理走向下的组织变革是非常需要法律将组织结构的职责和权力划分固化的，以法律推进组织结构合并是公共组织变革的大势所趋。

5. 公共组织呈现整体性治理趋势，内设机构精简，指挥呈现扁平化走向

从上述国家具体公共部门设置情况来看，呈现出其本国国情与公共组织变革共性相结合的特点。从上述国家的公共部门设置来看，都依据趋同的职能在不断地进行公共组织调整，都体现出了部门与职能整体性治理的特征，都设有刑事执法类部门、行政管理类部门和保障类部门。随着上述国家外在环境的变化，警察组织呈现出精简高效、分工明确的特征。从上述国家公共组织部门设置的情况来看，英国、美国、法国、俄罗斯、日本设置公共组织部门的数量都相对较少，均呈现出组织结构整体性治理的特点。

从公共组织结构变革趋势来看，上述国家公共组织结构变革具有趋同性。法国为应对欧洲一体化和城市化进程，通过整合公共组织的职能开始公共组织整体性治理。俄罗斯通过公共部门结构重组和优化职能等方式进行变革，赋予公共组织架构和职能上的完整性和系统性，并通过完善法治和相关制度，实

---

① 赵旭辉：《中外警务比较研究——公安改革思考》，中国人民公安大学出版社 2016 年版，第 49 页。

现组织整体性改造。美国在"9·11"事件之后，为应对碎片化进一步完善公共组织结构，重组公共组织中专门负责安全的职能部门。上述国家公共组织的部门设置趋向精简，通常采用整体性治理组织结构。通过综合上述国家公共组织结构变革的情况，进一步回答了公共部门一个整体性治理选择，即少量的大部门的组织效率无疑优于大量的小部门的组织效率，这既是公共组织变革的趋势，也为公共组织结构变革提供了经验和启示。

第四章 公共组织结构变革的 影响要素与动力机制

公共组织理论认为，公共组织结构的影响要素取决于组织所面临的环境变化，在自适应与他适应进程中不断优化组织结构和组织运行机制，形成较为稳定的组织内外交互。因此，本书运用案例分析方法，将各地开展的公共组织结构变革案例进行筛选，并分析其影响要素和内在作用机理，挖掘公共组织结构变革的内在动力和规律，为公共组织结构目标模式和策略路径的提出奠定研究基础。

一、国内公共组织结构变革的案例来源与选择标准

笔者通过实地调研湖南、浙江、四川、天津等省市相关公共部门，又以"公共组织结构变革"为主题词在中国知网、百

度和相关公共组织网站进行检索，并以公共组织结构变革的完整性、独特性和代表性为标准选取以下案例作为分析资料。同时考虑到公共组织结构变革的规律性和趋势性，字母化处理所选公共组织结构变革案例，探讨公共组织结构变革的影响因素与内在规律，如表 4-1 所示。

表 4-1　国内公共组织结构变革的案例选取

编号	案例名称	变革方式	案例来源
G1	C 公共组织结构变革	"矩阵制"	根据调研获得，结合中国知网、百度和相关公共组织网站整理。 http://www.hunan.gov.cn/
G2	B 公共组织结构变革	"网络制"	根据调研获得，结合中国知网、百度和相关公共组织网站整理。 http://www.tj.gov.cn/
G3	Q 公共组织结构变革	"联动制"	根据调研获得，结合中国知网、百度和相关公共组织网站整理。 http://www.zj.gov.cn/
G4	J 公共组织结构变革	"联动制"	根据调研获得，结合中国知网、百度和相关公共组织网站整理。 http://www.gxzf.gov.cn/
G5	F 公共组织结构变革	"联动制"	根据调研获得，结合中国知网、百度和相关公共组织网站整理。 http://www.zj.gov.cn/

　　笔者通过对案例所呈现的公共组织结构变革方式进行分析，依据组织理论和案例的特点将其划分为"矩阵制""网络

制"和"联动制"公共组织结构，如表 4-2 所示。其中，"矩阵制"公共组织结构是在公共组织既有形态下围绕公共组织的目标和任务进行矩阵式设计的组织结构。此结构可以打破公共组织各个职能部门职能间的限制，形成组织资源的沟通和绩效平衡。"网络制"公共组织结构是通过数字化信息技术将公共组织的职能和结构进行压缩，形成中间的数据信息传递网络结构，形塑"网络制"公共组织结构的信息传递与网络结构变革。"联动制"公共组织结构是基于组织协同理论在管理系统的横向组织部门之间形成内部要素和外部环境的互动，通过协同合作提升组织自适应能力和知识势能。

表 4-2　公共组织结构变革模式的划分依据和定义

变革模式	划分依据	定义
"矩阵制"	矩阵式组织结构	以"矩阵制"为核心的公共组织结构变革，是指在原有结构设置不变的情况下，改变指挥调度流程、信息研判流程和组织运行机制，构建以不同职能为基础的"矩阵制"
"网络制"	网络型组织结构	"网络制"公共组织结构变革是指以公共组织流程再造和机制变革作为突破口，通过组织机制流程与运行变革推动公共组织结构形成"网格"部门整合，在"网络"建设中实现公共组织结构变革
"联动制"	组织结构的部门设计	"联动制"公共组织结构是基于组织协同理论在管理系统的横向组织部门之间形成内部要素和外部环境的互动，通过协同合作提升组织自适应能力和知识势能

二、国内公共组织结构变革的案例分析

从组织理论来看，组织结构的设计是组织内部部门、组织层次之间的排列与组合，是组织内部的构成方式。组织目标和组织绩效能够实现的先决条件是良好组织结构的支撑，通常表现在组织的职权、职能、业务内容、目标、组织运行机制和人力资源之中。笔者围绕公共组织结构的特征和要素，结合调研所获得的案例，将公共组织结构变革划分为"矩阵制""网络制"和"联动制"三种类型并进行特征探讨和规律把握。

（一）"矩阵制"公共组织结构变革

"最高管理肩负双重责任，既要保持组织和环境的结合性，又要保证组织内部各组成部分的相赖性。"① 以"矩阵制"为核心的公共组织结构变革，是指在原有结构设置不变的情况下，改变指挥调度流程、信息研判流程和组织运行机制，构建以不同职能为基础的"矩阵制"，使传统的公共组织结构（见图4-1）转化为矩阵式组织形态（见图4-2），帮助高层管理结构有效适应组织环境，实现组织内部的协调与管理。传统的公共部门组织结构是基于科层制而设计的，体现为"金字塔"式的结构模型。与科层制不同的"矩阵制"组织，可以有效地帮助组织在多任务条件下更好地实现组织效能、达成组织目标。C公共组织就是采用这种方式进行公共组织结构变革的。

---

① ［美］雷蒙德·E. 迈尔斯、查尔斯·C. 斯诺：《组织的战略、结构和过程》，方洁译，东方出版社2006年版，第21页。

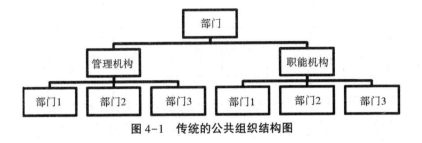

图 4-1 传统的公共组织结构图

1. 公共组织架构要素重组，组织矩阵化运作

C 公共组织针对传统组织架构模式存在的层级过多、分工过细、职能重叠交叉和信息资源碎片化等问题，先进行顶层设计，由上级公共组织出台组织变革总体实施方案，并将业务部门纳入分层分类变革之中，在总部设立"六大中心"来适应相对复杂的公共组织现实需要。"六大中心"分别设置业务综合室、系统支撑室、信息研判室、督导评估室；在分部门管理机构设立"信息指挥中心、基础建设中心、保障与新闻舆情中心"；在职能机构设立"综合运维中心、任务执行中心、基础服务中心"。通过公共组织架构的调整与组合，大幅度扁平化、网络化组织结构，让组织力量向业务层大幅倾斜，实现整体公共组织资源的整合。

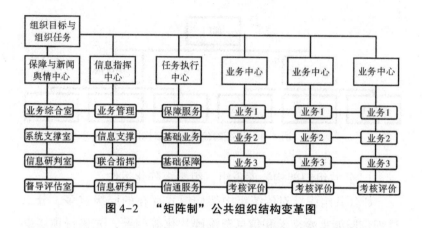

图4-2 "矩阵制"公共组织结构变革图

2. 深度改造公共组织运行流程，组织信息运转扁平高效。针对分工过细、合作不足、组织运行职能分割和信息分散脱节等问题带来的被动状况，C公共组织通过"业务流、信息流、管理流"的融合，深度改造公共部门运转流程。在保持原有结构、人员职责、业务职责的基础上，变革整体组织部门架构下的指挥调度流程、信息研判模式、工作考评主体，形成以全业务协同组织目标为导向的任务闭环，将各中心主导研判、指挥与执行进行业务归口，并通过信息平台的业务流数据对工作的有效性及落实情况进行评估分析，形成基于"资源配置—流程建设—教育培训—督导奖惩"路径下的组织运行矩阵。在矩阵内部，通过"点对点实时推送、人对人在线互动、事对事及时处置"的路径，形成围绕基层公共服务部门"六大中心"的指令任务体系，通过数据驱动决策、精准任务推送、集约调度指挥，重塑具有公共部门组织自适应性的组织架构模式，从而实现组织科学决策信息通路的高效运转与指挥扁平化，实现从行政命令推进工作到数据指令驱动工作的转变。

3. 挖掘数据资源，开展公共部门数字化转型

C公共组织通过搭建社会化信息采集平台，让物业业主、法人组织、公共组织部门全部成为"数据归集大军"，社区实现数据的场景化运用、泛在化业务体验与实时化弹性互动。组织结构整体实现信息的"一网通办"。一方面，公共部门内部组织运行展开网上办公、网上办案、网上办证、网上考评、网上决策。通过"数字化平台"的搭建与智能升级，将信息业务、指挥业务与执行业务进行合并，实现基于整体视域下的一体化运作模式。依托数字平台的整合资源，搭建统一受理平台的规范管理监督体系，使公共部门的整体机制运行与任务目标达成实现大幅提升。

从C公共组织以"矩阵制"公共组织结构变革来看，传统的科层制公共组织结构设置，在长期的演化过程中同样存在科层制组织功能和结构之间的矛盾，要通过不断地变革来优化组织设计和组织结构。以"矩阵制"为依托的整体性公共组织结构变革强调综合协调中心结构的独立性和长期性，在公共组织结构整体运转和协调方面承担重任。在公共组织结构变革的探索中，这样的案例十分丰富，在管理层级内同样出现了该模式的创新扩散，所处邻近组织同样选用了该组织结构变革方式探索公共组织结构变革。

(二)"网络制"公共组织结构变革

"网络制"公共组织结构变革是指通过公共组织流程再造，有效整合公共部门的组织资源、消除和降低部门之间的冲突，实现组织目标与组织结构的统一，实现治理效能的持续提升。

从公共部门组织结构变革实践来看，公共部门通常以机制变革作为突破口，通过组织机制流程与运行变革推动公共组织结构形成部门整合，在"网络"建设中实现公共组织结构变革。B公共组织开展的网络化公共组织机制变革正是"网络制"公共组织结构变革的现实体现。

1. 重塑公共部门组织运行机制，再造机制与流程

B公共组织针对组织内部协调乏力、整体性任务合作难以实现和部门分散化设置等制约组织运行效能的机制性障碍，进行了以信息、通信、业务、保障等为一体的公共组织机制变革。通过整合组织职能，以整合组织的信息和数据为基础，运用预警、业务一体、保障链以及监督体系等机制再造组织运行流程，实现了数据情报信息系统的共享优化、组织技术资源的知识共享和部门运行机制的网络化运行。

2. 整合部门设置，建立公共组织"网络制"结构

B公共组织在组织结构变革前，综合管理类机构为 7 个，业务类机构为 18 个，存在部门林立、职能重叠和绩效不够等共性问题。为打破组织间的壁垒，构建起适应业务需求的公共组织结构，B公共组织围绕决策、执行、监督和保障等组织职能，通过机制网络化运行将组织部门进行了职能调整和结构整合。组织结构的横向部门数变革为 10 个，形成多条基于数字化信息运作渠道的网络化流程。基于"网络制"职能整合的公共组织机构精简与整合，实现了组织部门的扁平化运行，保障了整体效能和任务达成的有效提升。

3. 建立数字化网络体系，优化组织运行效能

B公共组织的结构变革重点关注数字化运行的数字基底与

数据基础，进行组织运行架构上信息、舆情、情报等职能的整合，如图4-3所示，突出组织目标实现的业务部门职能整合，将业务类部门通过机制一体化的组织结构转变为横向部门整合，保证主要业务职能和组织资源的统一行使与共享。强化保障职能类业务机构建设，整合监督和管理组织职能，实现主要目标任务和监督控制职能一体化运作。完善整体公共部门组织结构的掌控力与张力，整合结构中的执行职能，通过对组织全链条的设计，将整体公共组织结构变革寓于数字化运行体系之中，整合信息类、情报类、知识类等组织资源的拓展与延伸，实现数字化保障基础上的公共组织结构一体化、网络化、数字化运转。

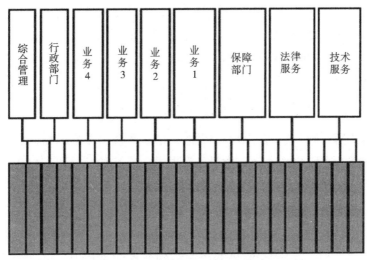

图4-3 "网络制"公共组织结构变革图

从 B 公共组织进行的"网络制"公共组织结构变革来看，其采用了组织信息流程数字化网格再造的方式来提高组织运行效率。这种方式以数据类机制整合来重塑公共部门组织结构，优化公共部门组织结构职能，实现了组织绩效的提升。在公共组织结构变革的地方性探索中，S 省 L 市和 J 市的公共组织部门也选择了相同的方式进行组织结构变革。其中 S 省 L 市公共部门通过高效的情报调度机制、完善的情报信息主导机制、立体化的组织运行体系、科学的人力资源开发机制和区域部门间的合作机制等变革开展县级公共部门的组织运行机制变革。J市通过基层业务流程变革和勤务变革，构建起一体化运作的组织职能业务化指挥体系，形成数字链条下的基层业务结构整合。从这类组织部门的实践中可知，公共组织结构变革具有顶层设计的政策扩散和创新效应，对同一类案例的探索与规律挖掘，可以为同等条件下的公共组织结构变革与流程优化提供参照。

（三）"联动制"公共组织结构变革

"联动制"公共组织结构变革的主要路径是组织横向部门整合。这种"联动制"常见于公共部门进行的公共组织结构变革，首先是横向部门在合并同类项的基础上将职能相近的部门进行整合，解决职能交叉重叠、运作不畅的问题。在整合部门建立起来之后，解决内部运作机制的问题，以提高组织的效率。① 公共部门在探索公共组织结构变革的过程中，多采用公

---

① 竺乾威：《大部制改革与权力三分》，载《行政论坛》2014 年第 5期。

共组织部门实质性合并方式进行结构横向整合的变革。研究具体分析 J 公共组织结构变革、Q 公共组织结构变革和 F 公共组织结构变革案例，以说明实质性合并的"联动制"组织结构变革在不同行政区划下所呈现的规律性特征。

1. J 公共组织结构变革

J 公共组织基于顶层设计框架，形成三级公共部门组织结构进行职能整合下的横向部门架构整合。在业务职能优化背景下，将主要业务类进行清单化、一体化、数字化变革与整合，形成主要职能的归口化整合特征，以上级组织结构优化带动整个业务链条的分区化组织结构变革，重点面向传统官僚制组织结构下的部门壁垒、区划壁垒、数据壁垒展开系统性组织横向结构变革，在横向结构变革的同时进行组织流程的再造和线性扁平设计。

2. Q 公共组织结构变革

Q 公共组织结构变革主要体现了纵向层级压缩与横向部门整合的组织变革特征。重塑职能、结构和运行机制，以纵向信息链引领业务流、信息流和情报流在业务、保障和监督部门的纵向垂直流动。

一是合并组织职能，精简横向组织结构。Q 公共组织结构变革将组织内设的横向结构减少为 15 个，内设结构中的职能部门整合为 9 个。公共组织结构在变革过程中，纵向结构中的部门数总和从 118 个减少为 96 个。公共组织结构的优化，将组织中的人力资源倾斜至业务一线。一线业务组织部门中的人力资源增加到 537 人，组织结构上与一线部门员工比从原来的 5∶4 调整成 1∶10，形成一线业务人力资源需求优先的原则。

二是打破部门壁垒，实现部门联动。Q 公共组织构建复合型联动组织结构，横向部门间联动协同工作，纵向部门间情报信息无缝隙流转，破除以往公共组织结构中横向间协作障碍和壁垒。"联动制"模式压缩了信息执行的层级，提升了公共部门的指挥效率，提高了公共组织部门间协同、科学决策和快速反应的能力。

三是创新组织运行机制，提升公共组织一线效能。Q 公共组织通过智能化业务联动机制、科技信息化工作管理机制，对公共信息资源进行整合，清单化职能与职责。在整体运行机制创新的同时，下沉人力资源并设立智能业务站和转型基层公共服务组织，形成公共组织结构持续改进的机制，保障公共部门组织目标的实现和效能提升。

3. F 公共组织结构变革

在进行整体公共组织结构变革过程中，F 公共组织为早期试点案例，具有代表性。

一是公共组织结构的横向精简与整合。F 公共组织通过横向部门的整合构建"联动制"组织结构变革，结构如图 4-4 所示。

二是公共组织结构扁平化，人力资源向业务层下沉。F 公共组织所进行的公共组织横向结构变革，通过压缩横向架构，纵向架构同样扁平化，由四层变为两层，以组织指挥链的扁平化推动公共组织结构高效运转。

三是围绕基层公共部门的人力资源开发进行机制变革。通过建立内部动态人力资源开发机制，实际可调配人力资源增加，保证了内部高效动态人力资源利用和共享共用组织资源。

在公共组织结构变革后，F公共组织的业务受众满意度大幅提升，公共部门的组织结构围绕组织目标持续改进。此后，在对F公共组织结构变革评估和论证中，即对F的监督机制进行评估，认为F公共组织结构变革具有可复制性和可推广性。在此基础上，出台了该领域公共部门组织结构变革的相关指导意见，统筹规划升级公共组织结构变革，全面提升公共部门组织效能。

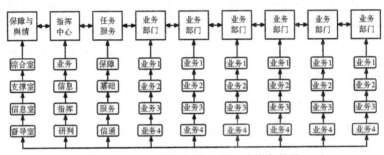

图4-4 "联动制"公共组织结构变革图

从上述公共组织结构变革的探索来看，为解决传统官僚科层制组织的壁垒与困境，公共组织结构变革通过进行横向组织结构整合与纵向组织机制优化解决一揽子问题。"矩阵制""网络制""联动制"公共组织结构变革通过横向结构整合、部门精简、优化运行机制等方式展开，有效提升了组织绩效。但是，我们在看到公共组织结构变革所呈现出的目标达成优越性的同时，也要看到公共组织结构变革在具体实践探索中仍然面临诸多挑战。一是公共组织结构变革的职责同构性，需要关照不同层级间的技能、任务与知识管理的差异，不可"一刀切"或"雷同化"。二是公共组织结构变革不同于私人部门组织结构变革，要着重考虑公共利益与公共服务的需要，面对组织结构变革进程需要分层次、分步骤展开，避免激进式推进组织变革。三是公共组织结构变革的整体推进与分步实施更为重要，要注意配套机制与流程变革的重要关联性，需要结合多目标、多层次、多角度、多元化开展组织结构变革。

三、公共组织结构变革的特点与规律

笔者在总结和分析实践中公共组织结构变革与调整的基础上，归纳出公共组织结构变革的具体特征和进展，以及面临的挑战等，为理论层面进行公共组织结构变革的目标模式提供影响要素与动力机制。

（一）公共组织结构变革的具体特征

从公共组织结构变革的要素来看，公共组织职能、横向组织结构、纵向组织层级、运行机制、人力资源、数据基础等都是驱动整体公共组织结构转变的要素。围绕这些要素可以洞察公共组织结构变革进程中的规律与特征。

1. 依照公共组织的部门职能，通过横向组织结构整合，实现公共组织部门协同化和公共组织任务目标整合

在公共组织结构变革的探索进程中，早期面临的最大难题是专业化程度较低。因此，公共组织结构变革往往围绕专业化进行部门和职能的整合，但伴随这种专业化分工的不断推进，呈现出公共组织结构的碎片化和部门间壁垒。以美国进行的公共组织结构变革为例，美国是世界上管理体制最分散的国家之一，在联邦层面组织权力分散在司法部、财政部、内务部等十

多个执法机构。① 在面临重大挑战时，美国公共组织结构变革采用横向组织结构整合方式，在业务中实现情报功能的发挥。针对专业化带来的公共组织结构问题，公共部门组织结构变革的探索聚焦到横向部门之间的整合和联动协同上。J 公共组织所进行的结构变革，为公共组织结构突破专业化视域下的部门分割、合作困境和协调障碍等提供了经验。

2. 遵循现代组织的发展趋势，通过纵向组织层级的精简，实现公共组织结构的"扁平化"再造和基层公共组织能力的提升

从公共组织结构优化理论来看，公共组织在寻求组织的高效率和低成本运行方式时，其结构中的效率困境与目标达成促使公共组织开始结构变革的探索。从案例分析来看，B 公共组织进行的"网络制"公共组织结构变革，通过组织结构间的信息、数据与情报渠道的网络化，使组织结构呈现扁平化运作趋向。C 公共组织通过"矩阵制"探索形成公共组织横向和纵向结构的机制化运行，部门职责的丰富与整合为组织扁平化提供了可能。B 公共组织和 F 公共组织所进行的结构变革是基于横向组织结构的"联动制"展开的，在横向部门间协同的进程中，机制变革推动了整体纵向管理层级的压缩，同样在探索组织横向与纵向间的扁平化。这些案例呈现出以下特点：一方面，针对公共组织结构中的层级过多和组织目标达成之间趋势不符、信息传递链过长和组织运行低效等问题，公共组织结构趋向扁平化形态，实现公共组织高效率。另一方面，通过组织

---

① 曾忠恕：《美国警务热点研究》，中国人民公安大学出版社 2005 年版，第 14-16 页。

纵向结构调整，实现人力资源的开发与下沉，提升一线业务组织的治理能力。

3. 紧跟数字化转型发展步伐，通过数字基础的建设探索现代公共组织运行机制和现代组织治理体系

科技在公共组织理论认知进程中发挥着催化剂的作用。当信息时代来临，大数据、云计算、"互联网+"、人工智能等新技术改变了人类生活的同时，也改变了组织演化的发展方向。公共组织在这样的背景之下，同样要降低组织环境的不确定性，围绕公共组织任务目标调整公共组织结构。可以这样说，从公共组织结构变迁来看，探索整体性公共组织结构优化、横向组织结构整合、纵向组织层级压缩以及配套的现代公共组织的运行机制，实现人力资源开发和基层业务倾斜，是公共组织结构变革的大势所趋。因此，在公共组织结构变革的同时，机制和流程的再造同样可以驱动公共组织结构变革。从前述案例的探索来看，"矩阵制""网络制""联动制"公共组织结构变革都是通过数字化引导信息，保证数据和情报渠道畅通，进而将技术应用与现代组织运行机制融入组织结构变革之中。因此，在观察和进行公共组织结构变革的同时，重塑组织运行机制，提升公共组织数字化治理水平，有助于帮助公共部门实现现代组织治理体系。

（二）公共组织结构变革的进展

从前述公共组织开展的组织结构变革探索来看，公共组织结构变革有效克服了公共组织职能交叉重叠的弊端，提高了组织运行效率，增强了组织应变能力并激发了人力资源的自主性。但是也应看到，在"矩阵制""网络制""联动制"公共

组织结构变革当中，最终的落脚点在于公共组织结构的实质性整体治理。因此，在公共组织结构变革的过程中，围绕公共组织职能研究实质性组织结构变革的方式具有重要意义。通过公共组织结构的变革案例，可以进一步看到公共组织结构在横向组织结构、纵向职权划分中变革的走势与方向。

（1）从公共组织结构的纵向职权划分来看，要认识到明晰公共组织结构中部门和层级职责与事权的重要性。从公共组织结构优化的理论来看，公共组织结构在具体探索过程中，要看组织的整体行政架构下事权的划分是否明晰，上、中、下管理层级的事权是否清单化与进行定量测度。通过标准化的考量，依托职权进行整体组织结构的界定，可以帮助公共组织有规范的组织规则进行参照并指导其科学运转。从前述"矩阵制""网络制""联动制"公共组织结构探索的案例来看，都是在回应组织外部环境变化的同时，进行组织内部结构的优化和改良，都是对公共组织结构所依托的组织职能进行界定与明晰。

（2）从公共组织横向部门架构变革来看，基于整体性治理视域下的公共组织横向部门结构整合成为趋势。这种趋势与早期的专业化分工有密切关系，在公共组织理论不断发展的情境下，公共组织意识到要突破传统科层制组织所带来的组织封闭性，公共组织结构变革是方向。随着新公共管理理论与新公共服务理论的演进，3E 理念深入人心，现实中的公共组织结构变革也开始根据人力资源规模和组织任务特征进行公共组织结构变革。在这种探索之下，"联动制"公共组织结构探索的案例呈现出公共组织横向部门的整合。这种整合遵照了巴纳德对组织原则的确定，也为公共组织结构优化提供了知识势能与创新扩散。

（3）从公共组织的职能优化来看，要明晰公共组织职能的边界，致力于公共组织职能转型升级来提升组织治理效能。组织绩效和组织治理的可持续性，并不取决于组织规模的扩大和人力资源的无限扩张。从公共组织结构优化的路径来看，一方面，公共组织进行的职能优化与职能边界界定，规范了公共组织结构设置，针对外部情境进行公共组织职能的数字化、扁平化、统合化转型升级，实现公共组织职能从管理走向治理。另一方面，在持续提升公共组织社会服务水平和管理绩效的过程中，公共组织意识到充分利用科技的力量，逐步优化组织结构来提升组织治理效能。

（4）从公共组织的运行机制来看，围绕现代科技应用优化公共组织的运行机制，不断深化公共组织结构变革。传统的公共组织运行机制呈现静态化特征，随着科学技术的不断更新，尤其是以"第四范式"著称的"大数据范式"之下，公共组织同样衍生出架构与技术的融合，逐步实现基于数字化应用的公共组织目标与组织任务的一体化运转机制，实现公共组织的数字化转型与智能化升级。从"矩阵制""网络制""联动制"公共组织结构变革的案例来看，探索职能优化、架构整合、管理层级扁平、人力资源向主要业务下沉等内容和要素的公共组织结构变革成为趋势。同时，这对创新公共组织的知识支撑有显著效果，可以有效推动公共组织系统可持续改进，形成基于鲁棒性的组织自学习与自适应探索。

（5）从公共组织绩效来看，基于公共组织结构变革，探索公共组织绩效提升的路径和方向。以"联动式"公共组织结构变革模式为例，公共组织结构变革为该类公共部门的组织绩效带来了大幅提升。比较而言，变革后的公共组织绩效与公共组织目标达成度都有明显上升。在组织变革过程中，引入绩效测评等多种方式方法，如平衡积分卡、360度测评、综合评价法等定量测度组织的内外部职能职责达成度，都获得了很高的绩效水平。可见，公共组织结构变革通过公共组织架构整合、流程重塑和扁平化机制运行等方式，有效提升了组织绩效和治理水平。

（三）公共组织结构变革面临的挑战

以传统科层制为代表的公共组织结构在专业化演进的过程中，总体呈现出专业不断细分与组织不断扩张的规律。随着公共组织内外部情境的变化，对公共组织结构的多样性诉求不断增加，公共组织在具体实践中呈现出不同的组织变革模式与演化规律。围绕公共组织变革演进中的知识积累和趋势特征，可以看到公共组织在探索结构变革过程中仍然面临诸多挑战。

（1）传统科层制组织特征带来的不适应越发明显，如专业化部门细分与职能交叉。科层制结构的专业化分工带来部门增多且架构冗余等问题，亟待通过组织结构变革予以解决。长期以来，公共组织结构问题使科层制组织饱受诟病，整体的组织理论探索也是以此为基点不断向前探索的，但尚未能伴随组织理论的历史变迁进行更深刻的变革。尽管在组织探索中提出了应对乌卡社会的组织赋能与组织权变，但公共组织结构变革仍不能突破传统科层制的窠臼。因此，在进一步探索公共组织结构变革的目标模式中，面对这一深刻挑战仍然要结合现实情境。以B公共组织结构变革为例，公共组织结构变革前内设结构多达 31 个，科层制三层架构内共有 118 个机构，部门分化阻碍了部门间的沟通与协调。业务部门同行政部门的员工比为 4∶5，严重阻碍了公共组织的绩效提升和业务精进。再以 J 公共部门的组织结构为例，公共部门中组织结构职能重叠现象广泛存在，技术支撑平台重叠交叉，直接给数字技术的进一步适配带来挑战。从现实情境和理论演进可知，任何公共组织在面对部门过度分割和碎片化运行中，都会面临组织内部运转效率低下且同客观组织情境发展形势不相适应的挑战。至此，公共组织结构变革到了刻不容缓的地步。

（2）科层制组织架构下部门职责同构带来人力资源的分散，如上下部门设置和职责对应。从 Q 公共组织所进行的公共组织结构变革来看，公共组织结构变革之前的部门设置在不同层级体现着完全的对应关系，整个管理层级链条越向下人力资源分布越分散，组织支持不足且员工倦怠，很难保证组织绩效的达成。面对这样的组织困境，该公共部门探索组织架构的职责归并，形成职责的统合与覆盖，改善并优化公共组织的整体结构。再从 B 公共组织进行的组织结构变革来看，同样在打破职责同构的部门一一对应下，将公共组织的结构进行整合优化，形成较为合理的组织架构和组织支撑。从公共组织结构变革的案例来看，科层制组织架构下的部门与职责对应是为了保证指挥链和信息链的传送，但随着科技的进步与数字化技术的应用，这种职责同构成为公共组织绩效和治理水平提升的制约，不利于公共组织结构的交互与协同。面对这样的挑战，越来越多的公共组织选择进行组织架构重构，以职责归并和架构压缩将公共组织的人力资源向重点业务和重要组织任务倾斜，形成更为有力的公共组织目标和绩效支撑。

（3）公共组织架构所依托的事权划分定位不明晰，如组织职权与组织权责不一致。这方面的主要问题是事权划分不明晰，管理层级的上层管理权力相对较大，而业务层级的管理责任相对较大，但管理权力相对较小。管理层级的上、中、下层级不匹配与权责不一致给公共组织的持续推进和目标达成带来挑战。从公共组织实践来看，公共组织结构所依托的事权划分和设置结构往往使上层组织架构呈现直线对口、部门张力以及强势部门独大的情境，与之相反的业务层级组织架构呈现人力短缺、事权繁杂、部门弱化的倒"金字塔"的形态，这与公共组织架构所要服务的公共组织目标达成之间形成悖论，即组织规模直接影响组织绩效的达成，形成对组织目标的层级化挑战。这种挑战直接导致公共组织架构中的指挥链割裂不畅、交叉重复，缺乏科学的职能配置。因此，对公共组织结构所依托的事权进行合理划分，明晰决策权、执行权和监督权在横纵结构中的分布与整合十分必要。

（4）流程机制是支撑公共组织结构变革的软系统，公共组织面临流程机制不顺畅和数字化运行不足等挑战。长期以来，公共组织结构按照亚当·斯密的"分工效率理论"走的是不断分工扩张之路，专业化分工带来了专项工作部门化，短期目标易于实现。但同时，付出的代价是将整体性的公共组织运作人为地割裂开来，组织整体运作机制呈现出僵化、反应迟钝、协调困难等状况，使公共组织部门间难以形成整体合力。从上述公共组织结构变革的案例来看，公共组织的层级围绕组织环境需求和情境进行系统性探索，目的是解决公共组织所面临的部门间信息封锁、数字孤岛和技术门槛等组织运行障碍，突破公共运行效率壁垒。因此，我们亟待对职责交叉重复、长期难以协调的公共组织架构和流程机制进行整合与优化，探索公共组织目标任务达成、权责界限清晰、指挥命令顺畅、协调合作有力的公共组织运行机制。

（5）制度化、法治化是确保公共组织结构变革取得实效的关键。公共组织的法定参照相对不足。从世界公共组织变革的案例来看，在英国公共组织结构变革过程中，法律的主导性为整个组织变革提供了依据和参照，英国立法机关审议通过的关于公共组织结构变革的相关法律已有数部。其他国家，如美国、日本、俄罗斯等国的公共组织结构变革也无不强调立法的规范性作用。从公共组织结构变革的历史变迁来看，只有具备一套完备的法律体系，公共组织结构变革和职能整合才能获得标准化和法定化的支撑，实现公共组织结构变革的有法可依。

本章围绕公共组织结构变革的案例分析了公共组织结构变革的特征和规律、条件和逻辑。将公共组织结构变革划分为"矩阵制""网络制"和"联动制"，并进行特征分析与变革要素作用机理探讨，通过公共组织结构变革实践的案例理论分析，将公共组织结构变革的核心路径归结为在职能整合的基础上组织结构重塑。在此结论的基础上，进一步分析了公共组织结构变革的具体特征、理论进展与具体挑战，为进一步从理论上构建公共组织结构变革的目标模式进行理论积累和案例路径探索。

第五章　公共组织结构优化的目标模式 ‖

组织变革的实施是一项复杂和系统的工作，首先需要对组织变革进行清晰的分析，对组织变革的需要、动力和条件进行精确的"把脉"。从公共组织结构变革面临的困境来看，部门林立导致的公共组织结构"碎片化"，给组织的整体性战略和视野带来障碍。同时，部门的过度分工致使职能重叠交叉，部门间组织沟通协调不畅，公共组织进行决策的成本高且周期长，降低了公共组织的目标达成和组织效能，更进一步阻碍了公共组织内外部系统效益的改进与提升，由此产生了变革的现实诉求。然而，有变革需求和变革压力，并不代表有实施变革的有利条件和环境。公共组织结构变革的实施需要精准了解组织环境、组织内部和组织员工等方面对变革的期待和认同度。因此，实施变革的重要准备工作是对变革条件、影响要素及动力机制进行辨析。公共组织结构变革通过明确诊断出变革的基本条件和动力因素，构建公共组织结构变革的目标模式并辅之以相关制度建设，从而为变革搭建良好的顶层设计基础和前提。

一、公共组织结构变革的依据、动力和原则

组织的发展离不开变革，以及内外部环境的变化。这些变化为组织带来了机遇和挑战，组织迎接机遇并应对挑战就需要进行变革。当然，组织变革是一项系统工程，涉及组织的方方面面，公共组织结构变革也不例外。我们只有切实分析公共组织结构面临的机遇和挑战，找出公共组织变革的依据和动力，探索建立公共组织结构的目标模式，才能做到有的放矢。

（一）公共组织结构变革的主要依据

公共组织结构所依托的变革涵盖很广。从科层制组织结构演化的规律来看，一是需要对科层制组织进行调整和变革，二是需要对变革所依据的法律法规及如何完善法律规定进行分析，三是找出决定公共组织结构变革的决定因素，以应对来自公共组织的内外部挑战。基于此，笔者对公共组织结构变革的主要依据展开分析，有助于更好地理解公共组织结构变革的关键和难点所在。

1. 科层制组织结构有变革和修正的必要

在传统公共行政中，科层制组织强调以利益为上，运用等级、权威、专门化、规则化、技术化等治理工具对组织进行有效治理。马克斯·韦伯认为，在技术层面官僚科层制可以达到

完善程度的最高点，并在形式上可以用于一切任务。[①] 其基本目标在于追求组织的高效率。随着科层制组织的逐步演化，由于对专业化分工的过度强调，导致了部门和功能的碎片化、服务的割裂以及信息的不对称等，尤其是对人性的忽视和对理性效率的追逐，以及对行动规则化的崇拜，使得科层制陷入罗茨所指出的"低效率刚性"和"科层制反功能怪圈"。[②] 在对科层制的反思和批判中，有学者指出了科层制组织结构亟须变革和修正的必要。有学者指出，马克斯·韦伯的官僚模式可以被认为是一种模式，在新模式被采用时，新模式可能具有相当大的引发重大组织变革的潜能。[③] 公共组织作为传统行政组织，其结构是典型的科层制，同样具有科层制长期演化过程中存在的低效率困境，亟待进行变革。在肯定科层制合理性基础上，变革组织结构，使组织由分化走向合作，重塑组织理念，从整体视野提升组织绩效变得十分重要。

2. 决定组织变革的法律法规分析

科层制组织的理性化变革很大程度上取决于法治。变革需要法律的坚强支撑，同样需要法律对变革标准予以把关。从英国公共组织结构变革的经验来看，法治是公共组织运行的逻辑准则。就公共组织结构的设计而言，法律应限定结构设置总

① ［德］马克斯·韦伯：《经济与社会（上）》，阎克文译，上海人民出版社 2010 年版，第 248 页。

② ［美］彼德·布劳、马歇尔·梅耶：《现代社会中的科层制》，马戎、时宪明、邱泽奇译，学林出版社 2001 年版，第 142 页。

③ ［美］查尔斯·R. 史旺生、列尔纳德·特里托、罗伯特·W. 泰勒：《警察行政管理：结构、过程与行为》，匡萃冶等译，中国人民公安大学出版社 2013 年版，第 765 页。

数，明确规定必须设置的结构和可选择设置的结构，防止过度分工带来的部门林立和职能交叉，将职能和结构设置整合，最大限度地发挥整合与分工科学化带来的效能提升。结构法定的基础是编制法定化，通过法定编制计划进行总额控制，将人员配置精细化到各层级、各部门。同时注意在法定职能配置、结构设置以及编制管理时，要加强基层的人员编制，明晰基层公共组织职能定位，确保基层权责一致。因此，法律法规的规定是公共组织结构变革的又一重要依据。

3. 决定组织结构变革的影响因素分析

我们在生活中观察到的本位主义和目标替代与组织不断分化在同一过程中，因而注意力更多地集中于部门利益，而忽视了组织整体利益。[①] 公共组织结构变革过程中应避免出现组织职能划分不均衡问题，运用整体性治理理念和组织结构变革理论，研究分析组织结构变革的基本要素。其中，界定组织变革的要素有组织的目标、技术、规模和环境，决定组织的核心要素分别是组织任务环境的复杂性和不确定性、组织各组成部分之间相互依赖的程度和范围以及利益的一致程度。正如詹姆斯·汤普森所言："处理不确定性是复杂组织的中心问题。基于此，研究认为，组织在处理不确定时，是通过创造特定的组成部分来实现的；在确定或近确定的条件下运转是通过特化其他部分而实现的。"[②] 这些决定因素在开展公共组织结构变革的

① 张康之等：《任务型组织研究》，中国人民大学出版社 2009 年版，第 6 页。

② 张康之、李东：《任务型组织之研究》，载《中国行政管理》2006 年第 10 期。

过程中，是决定组织职能整合和组织结构变革的重要变量。在探讨组织职能整合时，在衡量复杂组织的确定性过程中，组织间各部门的相互依赖性、利益一致性越高，则合并的可能性越大。在探讨组织结构的层级扁平时，组织内各部门的目标、技术、规模和环境等因素，都是重要的参考。但这些因素中更为重要的是组织职能的趋同。在组织职能趋同的组织内，各部门合并的可能性更大。因此，决定组织变革的影响因素是公共组织结构变革的重要参考依据。

（二）公共组织结构变革的动力分析

组织理论的发展与现实挑战，要求必须积极稳妥推进公共组织结构变革。变革的主要任务是建立起精简高效且科学合理的组织管理体系，即在实施公共组织结构变革时，针对长期以来阻碍组织协调整合运转的机制难题，进行结构整合调整，厘清职能，保证公共组织效能的发挥。变革任务的完成离不开内外环境的影响和适应，因此变革的动力来自内外环境的互动，需要从政治、经济、科技发展以及安全几个方面展开分析。

1. 推进公共组织结构变革是构建整体性治理的必然要求

整体性治理是指各部门在充分对话与合作过程中，达成有效的协调与整合，能够形成彼此政策目标的连贯一致，相互配合政策的执行，创造相互强化的效果，达到合作无间的目的。[①]整体性治理可以指导和推进公共组织结构变革。在公共组织结构竞相走向整合的过程中，公共组织也意识到分化带来的弊

---

① 卓越、陈招娣：《加强公共资源管理的四维视角》，载《中国行政管理》2017 年第 1 期。

端，开始探索对组织结构进行整合，以适应整体性治理视域下的现代公共组织运行体系，从而进一步提升组织绩效。

2. 推进公共组织结构变革是适应经济发展的必然要求

在经济进入新发展格局的大背景之下，公共组织同样面临新的形势任务考验。经济高质量发展意味着公共组织要从要素驱动、投资驱动转向创新驱动，意味着新型工业化与新型城市化的发展，这种组织外部环境的转化进一步强化了对公共部门服务职能的诉求，不仅改变了公共组织职能的内在结构，并且为公共组织结构变革带来了机遇和挑战。在面对内外环境的变化时，公共组织同样要适应经济社会发展与国际局势变化，持续推进公共组织结构变革。传统的科层制公共组织结构在面对动态经济社会发展变化过程中，体现出快速反应能力不足、扁平化程度不高等问题。因此，变革公共组织结构和内在运行机制显得尤为重要，尤其是对公共组织结构变革的实践探索与规律把握更为必要。

3. 推进公共组织结构变革是适应现代科技发展变迁的必然要求

物联网、大数据、云计算和人工智能等新兴技术带来各领域的重大变革，特别是移动通信技术不断升级，新的即时通信软件被广泛应用，对传统公共组织结构造成重大影响。信息化、大数据时代"综合、共享、关联、融合"的特征和功能，要求公共组织必须提升科技水平和组织治理能力，充分利用移动互联、智能终端、大数据、云计算等新兴科技，形成新机制、新模式，在新领域治理中掌握主动。从组织生态理论来看，公共组织作为整个社会生态系统的组成部分，整个社会生态系统的稳定、安全、秩序是其目标和价值所在。大数据时代下，社会生态系统对公共组织提出的公共服务供给、秩序供给以及安全供给等方面的需要，是将物质、能量和信息资源利用并调配，来调整公共组织的目标、结构及运行方式。

4. 推进公共组织结构变革是应对风险社会不确定性的必然要求

人类社会进入高风险情境，风险的不确定性使得复杂系统衍生下的公共组织结构要进行风险自适应调整。在此形势下，一方面，经济结构调整带来的社会风险值得警惕，风险社会的组织内外部环境具有复杂性和多变性；另一方面，动态化、智能化、专业化、组织化程度增加，需要不断变革公共组织风险治理的机制、方式和方法。传统风险和新型风险的不断交织，给公共组织的韧性治理能力带来挑战，如何缩短指挥链，提升组织快速反应和协同合作治理的能力，成为公共组织的重要课题。指挥链的反应能力以及组织的合作能力，从根本来看都涉及公共组织的结构与流程，尤其是组织结构的横向与纵向调整，可以优化公共组织间信息资源、情报资源以及人力资源的流动和活跃度，很好地改善和提升组织绩效。

（三）公共组织结构变革的基本原则

公共组织结构变革的基本原则是开展公共组织结构变革的根本准则，是进行公共组织结构变革的准绳，用以衡量组织变革的可行性和合理性。从对公共组织的研究来看，公共组织设置原则是公共组织设置的标准和准则。许多学者给出了公共组织部门结构设置原则，学者们有多种理论观点，最主要的是以下两种：一种是"三原则说"，① 即相似的任务归为一类、根据部门任务定义职责、新的专业部门要注重整体效能；另一种是"五原则说"，② 即依工作性质进行划分、依工作程序或方法进行划分、依地域进行划分、依时间进行划分和依工作对象进行划分。综合上述观点，公共组织在进行组织结构变革研究过程中，应综合采用上述观点，根据组织内外环境的特点和规律，提出公共组织结构变革的组织设计基本原则。

1. 整体性设计原则

整体性设计体现的是整体性治理的体系设计思维。整体性治理的理论价值在于追求整体，在不断对部门分化和碎片化进行反思和修正的基础上，重视制度设计的整体性。这一原则的

① "三原则"说是基于勒温所提出的"解冻—变革—再冻结"的组织变革进程，围绕组织的基本认知进行事件与目标的重新梳理，以减少组织目标达成的障碍，最终恢复组织的灵活反应机制，以更专注的方式推进组织学习和自适应。参见潘琼、杜义飞、杨静：《"约束"在组织学习与持续性变革过程中的双重角色》，载《管理学报》2020 年第 9 期。

② 《公共组织学》一书中指出，公共组织部门设置应以下面五项原则为基础：一是依工作性质进行划分。凡性质相同或目标一致的工作，应划分为一类并交由同一部门或单位执行。二是依工作程序或方法进行划分。性质有差异但程序或方法相同的工作也可归为一类并交由一个单独的部门或单位执行。三是依地域进行划分。不同的地域可能具有不同的自然地理、社会人文及治安管理特性与特点，因此可以把同一地域的工作归为一类并交由一个部门或单位执行。四是依时间进行划分。公共组织工作是全时空性的，因此应将其划分为不同的时间段并交由不同的工作班次或勤务班次执行。五是依工作对象进行划分。公共组织工作有时因对象不同而具有特殊性，因此可将工作对象相同或独特的工作归为一类并交由一个单独的部门执行。参见张建东、陆江兵：《公共组织学》，高等教育出版社 2010 年版。

目的在于提升公共组织结构变革的能力，防止公共组织结构变革走碎片化的老路，从整体性、系统性的角度开展公共组织结构变革。在公共组织结构变革的过程中，要充分注意顶层设计，从全局角度和整体方向研究和部署。

2. 制约性协调原则

制约性协调是通过行政组织整合过程中行政权的科学划分明晰各部门之间的权责，通过决策权、执行权和监督权的划分及相互制约保证组织的平衡发展。首先，变革要保证公共组织整体和各职能部门之间行政权实现制约性协调。其次，变革要注意公共组织部门内部行政权划分的制约性协调。最后，变革要注重各级公共组织之间的行政权划分实现制约性协调。

3. 组织法定原则

行政组织的设置须由法律规定，这是组织设计的基本原则，也被视作实质法治原则的体现。任何组织设计都应以法律模型固定，防止组织结构的不稳定带来组织绩效的不可持续。公共组织也不例外，要重视将公共组织结构变革过程纳入法制化轨道，做到行政组织权的依法行使，行政组织的形成和运行必须受到法律的约束，遵从组织法定原则。

4. 系统性整合原则

系统性整合，首先要涵盖对组织职能的整合。组织职能是组织结构设计的基础。其次要涵盖对组织结构的整合，应在整合职能的基础上整合公共组织结构。最后要涵盖对组织运行机制的整合，意在降低组织协调成本，整合部门内部的协调沟通运转机制，提升组织绩效。这种设计要注意上下有别，即依据自身职能特点设计，保证组织职能规模同人员规模相匹配。

5. 精简高效原则

在结构设置上要体现精简高效，综合管理机关设置上要体现效率原则，保证公共组织结构沟通合作的高效与协调。基层公共组织结构整合过程中要注意突出面向重点业务的特点，保证快速反应和卓越绩效的人力资源的优化。

二、公共组织结构变革的主要内容

笔者在进行公共组织结构变革的探讨过程中，梳理了公共组织结构的演化逻辑，明确了公共组织结构变革优化所处的内外部环境；通过对组织变革理论的梳理，明晰了公共组织结构变革的方向。在构建公共组织目标模式的方法运用上，研究采用马克斯·韦伯理想科层制的研究方法，建立理想类型的公共组织结构变革的目标模式。

（一）公共组织结构变革的愿景目标

建立共同愿景是公共组织结构变革的思想基础。通过建立公共组织结构变革的共同愿景，调动组织变革的积极性，将组织中的个体与组织不同的活动融合汇聚起来，① 保证组织变革的同心协力。公共组织结构变革的愿景是按照行政体制变革的总要求，转变公共组织职能并适度扩大部门规模来有效地履行职能，建立起以决策、保障、执行、监督为依托的指挥体系、人力资源体系、公共组织监督体系、公共组织保障体系、公共服务体系，通过公共组织结构变革，实现精简高效设置公共组

---

① ［美］彼得·圣吉：《第五项修炼——学习型组织的艺术与实物》，郭进隆译，上海三联书店1998年版，第238页。

织结构，科学划分公共组织的职能和事权，合理重塑组织运行机制，持续推进组织治理能力和治理体系现代化。

愿景描述了公共组织结构变革的前景和愿望。从上述分析来看，制约公共组织可持续发展的组织壁垒依然存在，需要通过明晰变革任务、指导思想及变革目标来建立共识，探索公共组织结构变革的目标模式。公共组织从标准化、法定化和统合化结构变革的目标出发，围绕公共组织结构的科学设置、组织运行机制的快速反应和组织成员的胜任，形成公共组织职能和架构支撑组织目标达成和组织绩效提升的能力。公共组织开展结构变革是优化公共组织结构的重要举措。变革秉持的指导思想是：针对公共组织结构性、机制性和权能性障碍难题，引入整体性治理理念，以组织结构变革理论为支撑，以实现公共组织有效履行职责任务的目标需要为出发点，运用马克斯·韦伯提出的组织理想类型构建方法，建立起公共组织结构变革的目标模式，为公共组织结构变革实践提供理论指南和参考。有效实施公共组织结构变革，有助于破除阻碍公共组织效能的结构和机制障碍，减少部门林立、职能交叉和组织内耗。改善公共组织结构有利于提升公共组织整体性治理效能和有效治理的可持续性，打破组织绩效提升而可持续性差的怪圈，实现公共组织结构内多元要素的协同化、联动化与科学化。

通过对公共组织结构变革的愿景描述、意义阐释和指导思想提炼，进一步说明公共组织实施组织结构变革的目标是：针对公共组织结构过度化分工产生的部门林立、职能交叉、组织内耗和组织运行成本高等问题，进行公共组织横向职能界定和纵向结构整合，重塑公共组织的组织架构和运行机制，合理划分组织内的不同组织权力功能，建立起与现代公共组织运行理念相匹配的公共组织结构体系，实现公共组织结构的科学化、合理化，为推进公共组织治理体系的现代化提供组织理论的支撑。

（二）公共组织结构的职能整合

公共组织结构变革的核心问题是对职能的有机整合。整合公共组织中职能、业务和性质具有很大相似性的部门，走向整体性治理理念下的组织横向职能架构。就公共组织结构变革的依据而言，公共组织职能的整合是公共组织结构变革的重要前提和支撑。从公共组织理论的演进来看，理论界对公共组织职能的认识趋于一致，公共组织理论框架下的公共组织职能包括：主要业务、组织保障、社会服务、信息支撑以及综合管理。而具体到公共组织结构的部门职能划分上，公共组织职能包括：人力资源开发职能、公共部门监督职能、公共部门保障职能、公共服务职能、风险研判职能等。在公共组织职能整合的过程中，这些职能体现为公共组织结构职能相同的部门相互整合、合理配置、互为补充并无缝衔接，最终形成优势互补、高效运作和整体联动的公共组织结构，实现公共组织结构变革后 1+1>2 的效果。

1. 公共组织结构的横向职能

（1）公共组织人力资源开发职能。公共组织人力资源开发职能属于人事类职能，通过对公共组织中的人力资源的合理配置，盘活现有人力资源，并加强组织的正规化建设，形成基于公共部门人力资源的"引留育用"开发体系。而这一职能的实现，有赖于人力资源的合理组织层级分布、人岗匹配、人力资

源测评和绩效评价等要素的有效联动，即公共组织的人力资源
体系随组织变革进一步优化人力资源开发流程，形成科学、合
理、关怀的人力资源运转格局。

（2）公共组织监督职能。公共组织监督职能是管理学五项
职能中控制职能的具体体现。该职能的任务是确保公共组织运
行过程中公共组织目标的达成，主要涉及法制、审计、监督、
纪检、监察等具体部门的职责。公共组织结构框架中的监督职
能是将相关业务职能整合，从整体监督权、决策权与执行权相
分离的视角下，实现公共组织不同层级监督职能的一体化
运作。

（3）公共组织指挥职能。公共组织指挥职能是法约尔管理
过程理论的重要内容。理想的组织指挥形态是一种线性的组织
形态，对具有不同工作内容的公共部门来说，其组织结构所依
托的职能也各不相同，但指挥链的扁平和畅通是公共组织结构
变革进程中所追求的变革目标。一方面，公共组织指挥职能体
现在短期目标执行过程中，即指挥职能为公共组织在信息的传
递、情报的研判、决策的快速与合理中进行组织任务命令的传
送。另一方面，公共组织的指挥职能体现在长期目标和战略规
划执行过程中，即公共组织的指挥职能整合与优化可以为组织
的战略前瞻和长期目标分阶段实现提供决策部署。因此，公共
组织的指挥职能是实现公共组织战略规划与目标整合治理的
载体。

（4）公共组织保障职能。公共组织保障职能是保障公共组
织任务活动开展的前提，担负着公共组织的经费预算、分配、
使用、监督和管理，设备采购、配备、使用和管理，基础设施

的规划、建设和管理，信息、技术等方面的支撑。从公共组织保障职能的内容来看，保障的核心职能是服务公共组织的各项工作任务，根据公共组织任务与目标的现实需求，调整公共组织资源的供给结构。

（5）公共组织服务职能。公共组织的结构变革主要围绕公共组织的属性展开，尤其是基于公共服务视域下的公共组织针对社会和公众需求所进行的服务化、公众中心化、主动化职能变革是变革的重点。通过公共组织服务职能的界定关注重点业务的目标受众，进行合理、科学、高效的公共服务体系建设。

（6）公共组织风险研判职能。公共组织风险研判职能包括收集、掌握并研究各类公共组织风险情报的动态和信息，协调指挥并预防公共组织所面临的内外部风险，对致灾因子和预警信息进行风险研判，构建公共组织面临风险社会挑战下的内部应急组织能力与组织结构应对格局，提升公共组织整体性治理的韧性和稳定性。

2. 公共组织结构的纵向职能

一方面公共组织结构的纵向职能在于通过建立决策、执行、监督分离的组织职能，明确各级公共组织的责任，从而促进公共组织职能的良性发展。公共组织结构的组织职能在形态上体现为：高层级公共组织的决策职能和监督职能较多，并且决策职能和监督职能分立；低层级公共组织的执行职能更多，以保证决策的贯彻落实。通过公共组织结构职能的相互分立，达到不同利益主体之间相互制衡的目的，有效地限制了各层级公共组织结构对部门施加的影响，为公共组织的科学决策和治理现代化提供保障。另一方面，公共组织结构的纵向职能体现在高、中、低管理层级的事权划分之中。

（1）公共组织架构中低管理层级的公共组织职责，是根据公共组织的具体业务、政策和部署，结合公共组织的工作实际，制定该管理层级的公共组织的目标、任务和措施，具体以执行职能为主，履行公共组织战略规划和目标的业务执行职能。

（2）公共组织架构中中管理层级的公共组织职责，是根据公共组织的规定、政策和战略部署，进行上下管理层级间的协调与整合，具体包括：人力资源的层级与部门调配、中层组织部门职能的规划与执行、公共组织各项任务的指导与执行，兼顾协调职能的同时履行部分执行职能。

（3）公共组织架构中高管理层级的公共组织职责，是指导、监督和监察整体公共组织架构的运行与战略规划部署。通过整体性公共组织职能的规划与统筹，具体运用战略分析、规划制定、政策和制度标准制定、指导监督等方式，实现公共组织结构中各项职能的权力划分、体系设计和组织协调。

从公共组织结构变革的理论和具体案例分析来看，公共组织结构变革是以职能转变为基础的。整体性治理下的公共组织结构变革的目标模式是按职能来系统配置职能部门，即把相同或类似的职能归并到职能部门承担。据此，部门扩大管理幅度，减少管理层级，实现公共组织整体结构的扁平化，打破了传统科层制组织视域下公共组织职能划分过细和碎片化的弊病。这种职能设置能够确保公共组织的决策部门有更多的精力投入宏观战略决策中。公共组织具体的业务职能体现专门化与专业化，克服公共组织过于微观、整体性不足的缺陷。因而，公共组织结构的职能转变和职能归一为组织结构的科学与合理创造了条件和基础，二者是相辅相成的，否则公共组织结构变革就会陷入"精简—膨胀—再精简—再膨胀"的怪圈。在公共组织结构的整合过程中，应通盘考虑公共组织职能转变问题，统筹规划，合并相近职能，合理设计公共组织内部结构和纵向层次，从而达到结构体系优化的目的。

（三）公共组织结构的架构

组织结构趋向扁平化是公共组织结构变革的方向。公共组织结构的扁平化就是减少公共组织内部管理层次，扩大公共组织内部管理幅度，构建节约精干型的公共组织结构。公共组织结构优化是公共组织架构良性运行的基础和重要内容之一，具体体现为公共组织部门内部各部分协调发展，各要素得到充分、合理利用，各类资源配置优化合理的过程和状况。公共组织结构优化和职能整合相辅相成，二者同职能整合密不可分。可以说，结构的扁平化和组织架构的压缩就是职能整合在组织设计上的体现，是巩固公共组织职能转变成果的组织保障。同传统的公共组织结构不同，扁平化结构下的公共组织结构掌握的资源增多，权力扩大，并且组织运作也较为复杂化。公共组织结构优化能够明确职能部门之间的职责权限，使部门各司其职、各负其责，从而有效地防止和克服公共组织内部因权责不清而产生的信息壁垒或组织内耗的现象。同时，这种整合性的组织结构能够减少因公共组织规范运作不足而增加的组织成本，使公共组织的运行更加科学、规范、有序和高效。

公共组织结构的组织架构是依据组织职能而构建的，并且随着组织职能的转变而逐步调整。从组织理论来看，组织职能决定组织结构的设置。就公共组织结构的横向部门设置而言，可以考虑依据公共组织的职能配置进行整体性部门设定。就公共组织结构的纵向部门设置而言，可以围绕公共组织运行的基本规律和逻辑尝试选用"矩阵制""网络制""联动制"组织结构为公共组织结构变革的目标模式参照，实现指挥命令的顺畅衔接，减少信息沟通障碍。从公共组织的管理层级来看，分别设有高管理层级、中管理层级和低管理层级。随着公共组织结构的不断扁平化，公共组织纵向结构压缩使得压缩后的架构优势凸显。从公共组织结构的职能配置来看，公共组织架构可以选择以下目标模式：

（1）"矩阵制"公共组织架构，如图 5-1 所示。通过引入"矩阵制"组织设计理论，构建基于组织目标与组织任务的公共组织"矩阵制"架构。在该架构下，高管理层级围绕公共组织的核心职能进行整体架构设计，注重部门职能的整体性和一站式服务。在梳理职能清单的基础上促进部门结构合理化整合。中管理层级关注基于公共组织矩阵的横向和纵向联系，形成基于矩阵的横、纵向组织架构，关注信息链、流程链和业务链在各层级间的往来与互动。低管理层级注重业务的实现、执行、考核评价与反馈，实现公共组织架构的持续改进和优化。事实上，在"矩阵制"组织中，中低管理层级与高管理层级是融合、泛在与交互的，这种组织架构可以为组织绩效的提升提供矩阵下的职能、环境、结构多重互赖合作与组织资源调度。

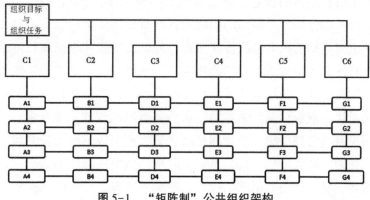

图 5-1 "矩阵制"公共组织架构

（2）"网络制"公共组织架构，如图 5-2 所示。从组织结构演化来看，网络结构是基于网格化部门形成的，尤其是组织运行链和机制链的网络化交互，为公共组织的资源整合、部门壁垒消除和目标达成提供了很好的架构设计参考。在该架构下，公共组织的高、中、低管理层级被打破，辅之以网络化的运行结构，部门之间进行职能对接与交互主要是通过中间的网格化机制和流程设计来实现的。这种以信息网络的业务流、情报流、数据流为主导的公共组织架构，有助于公共组织中创新要素的集聚与扩散，有利于形成组织的知识势能和业务更新。

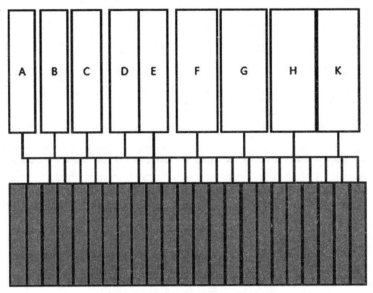

图5-2 "网络制"公共组织架构

（3）"联动制"公共组织架构，如图5-3所示。从组织设
计来看，"联动制"组织变革模式更趋近于科层制组织的横向
部门整合。相较于"矩阵制"和"网络制"而言，"联动制"
是对传统公共组织结构变动较为平衡和缓和的变革方式。因
此，在公共组织结构变革过程中，更多的公共部门选择该方式
作为组织结构变革的架构。公共组织的横向部门实质性整合是
"联动制"的特点，在横向整合部门基础上进一步整合机制和
流程。从公共组织结构的部门设置来看，高管理层级的组织决
策职能体现更为突出，中管理层级和低管理层级在架构设置中
体现为横向分工明确，纵向分工合理，结构数量合适，各结构
协调平衡。其目标在于按照公共组织职能来设置公共组织结

构，确保同一职能不再由多个部门分别行使，原来的部门间的协调转变为部门内的协调，提高协调的效率，缩短公共组织实战中的快速反应时间。同时，使公共组织在各自领域的政策更加具有连续性、统一性和协调性，增强对复杂问题的回应能力，满足公共组织行使职责的需要，实现公共组织整体运行效益的最大化。

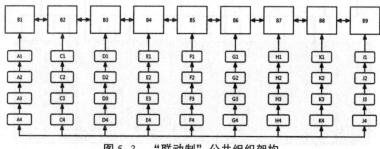

图5-3　"联动制"公共组织架构

（四）公共组织结构的权力划分

公共组织结构的核心内涵是实行决策权与执行权的相对分离。从前述公共组织结构变革的案例来看，许多国家在行政组织内部实行决策与执行分离。有的是完全分离，有的是部分分离，有的是实际运行分离。这些国家存在各种各样的做法，形成适合其本国公共组织的治理结构和运行机制，以发挥组织职能的功能作用。从前述分析所呈现的公共组织结构变革逻辑来看，组成部门的内设机构是职能部门，主要通过政策规划和监督执行进行职责履行，将大量的执行事务下沉到基层管理层级。据此，公共组织在进行结构变革的过程中，可有选择地借鉴其经验和目标模式的组织架构，在某些方面指定或分设专门的执行机构，实行决策与执行的局部分离，可能是比较现实可行的办法。具体而言，公共组织高管理层级的决策权比重较大，公共组织职能范围的重大事项，要由部门决策层面进行统筹考虑，强化部门集中统一决策的功能。对于部门内部的架构和部门设置，职责相重合的可综合设计，侧重政策制定和监督执行。公共组织中管理层级的部门在整体性治理框架下，理顺公共组织部门之间的关系，应当坚持权责一致、边界清晰的原则，合理配置各个部门的职责和权限，使每个部门都有各自相对独立的业务范围，尽量使一项事务或相近事务由一个部门负责，其他部门协调配合，实现职能的有机统一，解决职能交叉、多头管理、协调困难等问题。

公共组织的执行权下移是公共组织架构扁平化的主要特征，主要由公共组织的较低管理层级行使。例如，业务层公共组织的内设机构侧重执行上级公共组织的政策并负责基层事务，相对独立，具有专门的业务执行架构设计。一些主要承担决策性和监管性的内设部门，可转为相对独立的执行部门，专门从事某方面的业务。通过内部结构调整，加快建立决策权与执行权适度分离的公共组织治理结构和运行机制，充分发挥公共组织结构的功能和作用。在地方事权划分上，主要围绕维护公共组织的目标和职责而开展各项治理事务。

公共组织结构的职责范围界定清晰，各部门之间的权力划分边界清楚。自上而下的公共组织结构设置职责和权限相一致，即公共组织的部门所承担的职责与权限相匹配，以充分发挥公共组织中部门架构的功能和作用。同时，各部门之间协调配合。在履行公共组织职责的过程中，针对跨部门的业务，能够由部门牵头，部门之下的各分管部门参与配合，如通过内部会议、定期协商、信息沟通共享等形式，建立协调配合机制，形成公共组织架构运行合力，提升公共组织履行职责的能力。

（五）公共组织结构的运行机制

运转协调是行政组织为了顺利地实现决策目标，而谋求自身各相关要素匹配调剂、分工协作的一种行为方式，是不断解决各种矛盾以实现步调一致、共同行动的活动过程。从广义上说，公共组织结构的运行机制贯穿于整个公共组织架构之中。运行机制的协调畅通能够保证各项组织决策的顺利实施，发挥整体合力，实现公共组织目标的达成。通过公共组织结构整体的运转协调与渠道优化，能够从根本上提升传统公共组织沟通协调的绩效。公共组织结构不是单纯的部门相加或是简单生硬地合并，而是要考虑公共组织的业务关系和合并规律，在公共组织各个部门之间形成一个有机整体，充分发挥合力。

公共组织结构的运行机制体现为部门内和部门间建立良好的沟通协调机制。对于部门内而言，各级结构之间明确公共组织的目标与职能范围，相互沟通，消除误会与成见，积极配合彼此的工作，能克服小部门主义的影响，从公共组织整体的战略高度来开展工作，实现公共组织大部门内各部门的有机结合，促进公共组织结构目标的实现。此外，明确部门内决策层与执行层的分离，有利于实现政策制定与执行的有机协调，提高决策的科学性和执行的高效率。对于公共组织部门而言，能加强各部门之间的联系与交流，克服部门主义偏见，协调各部门成为一个强有力的整体。

公共组织结构的运行机制是现代科技与组织架构运行机制

的良好结合。公共组织架构所依托的机制变革与现代科技应用深度融合，可以有效提升公共组织的绩效和服务水平。数据资源的整合、共享、应用，使公共组织架构内运行机制实现一体化，增强公共组织部门间的整体性、协同性、时效性。公共组织结构的运行机制通过信息化建设与数字化应用，实现内部机制的健全与联动，可以打破部门间的数字壁垒和衔接障碍，以共赢、共担、共进的理念，实现各类公共组织内外部的系统平台整合与升级。物联网、云计算、大数据、移动互联网等最新信息技术同公共组织的具体业务无缝对接。知识管理、人脸识别、数据挖掘等新技术的集成应用实现了信息与情报联动、数据与业务对接、数字化平台一体的数智化运行。通过科学的组织调度，公共组织中的人力资源更加适应公共组织架构与运行流程，公共组织运行机制更为科学、畅通、高效。

总之，公共组织结构强调组织有序、规范运作、整体运行，使公共组织结构之间协商、协作、协调成为可能。公共组织结构协调工作遵循部门协同的步调一致、相互协商、相互谅解的原则，挖掘各自潜力，充分发挥公共组织治理的积极主动性和创造性。通过各方的协商对话和资源的有效整合，互通有无、增进了解，共同推进工作。在协商、协作、协调的基础上，改变过去分散隔离的状态，实现公共组织结构变革所要达成的组织目标。

三、公共组织结构变革的配套制度设计

公共组织结构变革是一项系统工程，需要从整体设计的角度来考虑。遵从"体系设计"的原则，提升变革系统集成能

力，准确把握变革的内在联系。在探索公共组织结构变革的过程中，既要重点研究设计公共组织横、纵向结构，又要结合其他变革项目完成好组织目标。因此，在变革的过程中配套的相关制度设计也需要同步推进，稳定变革成果，从整体性治理的角度实现公共组织结构变革与配套制度设计的相辅相成。

（一）围绕组织目标达成构建部门工作晋升激励制度

管理中的人本原则认为，组织的根本目的是尊重人、服务人和激励人。因此，实施公共组织结构变革最重要的一项辅助性措施就是不断深化人力资源的开发与组织人事体系的变革，探索公共组织晋升激励制度，建立一套符合公共组织性质任务、体现公共组织特点、有别于其他组织的公共组织管理制度体系。可见，工作晋升激励制度对于公共组织目标的达成具有重要作用，与公共组织结构变革互为依托。在开展公共组织结构变革的过程中，关乎公共部门人力资源切身利益的关键环节就是依附于组织结构的职务晋升序列问题。为此，在变革的过程中，要避免因组织扁平化、组织结构部门整合化而导致的相关层级的职务序列骤减问题。在秉持公共组织结构变革同公共部门晋升激励制度相互配合原则的基础上，通过人力资源开发体系的制度变革和设计将公共组织中人力资源的职业生涯发展与组织目标达成之间挂钩，围绕公共组织战略规划和组织任务完成调动组织中人力资源的积极性和主动性，在公共组织结构变革的周期中突出对员工的尊重。

（二）建立数字技术深度应用的部门运行机制

适应信息化发展大势，紧紧围绕数字化转型要求和专业化方向。公共组织在进行结构变革过程中，要主动拥抱大数据、人工智能新时代，将公共组织结构变革的动力与科技创新的活力有机结合，形成双重叠加的倍增效应。公共组织结构变革离不开现代信息科技的深度应用。首先，探索大数据技术下的数据指挥联动机制。充分运用"大数据"技术构建信息研判模型，最大限度地发挥情报信息资源优化组合的聚合效应，整合数字化应用平台，全方位感知公共组织所面临的内外部情境变化，实现情报研判、指挥决策、行动执行一体化运作与合作。其次，推行大数据技术下的智能化资源支撑体系。依托云计算、数字平台和业务平台，通过数据技术将各类网络资源与组织资源进行有机整合，推进公共组织部门运转机制的集约化和专业化。同时，利用区块链技术，实现公共服务的互信可靠化、智能化和可视化。最后，推进大数据技术下的公共服务体系。充分利用公共组织实践中的已有业务数据库，实现资源共享，推进便民利民的举措落地生根，转型升级行政管理，借助ICT技术手段，研究各类技术与应用场景的现实互动与泛在互联，实现公共部门运行流程互联化，集成向公众提供有关信息查询、业务办理、知识获取等公共服务一站式流程体系，让公众能够共享公共组织结构变革成果。

（三）建立科学的组织领导职位结构与绩效评价

从公共组织结构变革所依托的人力资源开发制度来看，人力资源开发要围绕"引留育用"进行全流程的制度优化。公共组织变革意味着组织面对内外部环境的整体调整，同样也会给人事制度带来变革，这种变化可能会给组织内带来不确定性与信息的不对等，因而需要建立相应的人力资源制度，提供多元化的人力资源开发选择。针对公共组织结构变革生命周期的洞察与前瞻，围绕公共组织结构变化进行科学设计和有效的组织内外部沟通，保障公共组织在结构变革的同时，形成人事结构、领导职位结构、员工预期与绩效评价的稳定与平衡。

综合上述分析，公共组织结构优化是对公共组织采取综合设置的一种组织形式与演化过程，具有职能整合、部门精干、决策与执行分开、运转协调等特征。本章从组织结构优化的概念出发，公共组织结构变革的目标模式是依据公共组织的组织结构变革理论分析与案例探索提出的，在修正和变革科层制组织结构的基础上，依据整体性设计原则、制约性协调原则、组织法定原则、系统性整合原则和精简高效原则，对公共组织结构的目标愿景、职能整合、组织架构、权力划分和运行机制等主要内容进行分析和建构，具体探讨与公共组织结构变革同步的公共部门工作晋升激励制度变革、数字科技的深度应用变革、绩效评价变革、人力资源开发体系与领导职位变革等，从公共组织结构变革的系统设计实现公共组织体系和组织形态现代化，运用马克斯·韦伯所提出的理想类型的方法，构建公共组织结构的目标模式，为推进公共组织治理理论和组织结构变革实践提供参考指南和理论工具，为推进公共组织体系分析和组织制度持续改进奠定理论基础。

第六章　公共组织结构变革的理论方略与路径

　　从整体性治理理论的整合进路可以看出，基于公共组织结构的科层制分化特性，对公共组织结构进行整合需要将其纳入规划—协调—整合的有机系统予以考虑，目的是实现公共组织结构整合与合作的可能性和长期发展。从上述公共组织结构变革的案例和目标模式来看，公共组织结构变革走向了整体性治理的优化变革探索阶段。从公共组织结构变革的困境、依据、原则和动力出发，通过对公共组织结构目标、职能配置、组织架构、权力划分和运行机制的分析，初步形成了公共组织结构变革的目标模式。从公共组织结构变革的案例探索来看，公共组织结构变革还处于长期探索阶段，变革过程中必然会出现职能关系不顺、结构设置不合理、权责不一致、运行不顺畅、效率不够高等问题。① 这就需要积极稳妥地制定及规划公共组织结构变革的组织法定标准，建立起科学有效的组织协调机制，整合组织结构变革优化的各项内容和要素，根据变革的目标、原则，稳步推进公共组织结构变革。

一、规划公共组织结构变革

公共组织结构变革的整合进路是以整体性治理理论调整组织疆界、清晰划定组织职能为基础的。如何对组织疆界及职能进行有效固化，法律和政策无疑是长期且稳定的有效治理手段。

（一）建立并完善公共组织结构变革的组织法定标准

从整体性治理的理论维度来看，本书探讨的重点是通过组织法定化实现公共组织结构变革有标准可依。运用法律的方式固化公共组织结构变革的成效和经验，进一步探讨横向与纵向变革的标准化经验。一是以现有的法律体系为基础，通过对公共组织的法定化或颁布新的组织规则将其职能定位、结构设置和组织运行机制等以法律的形式固定下来，规范公共组织的内设架构，严格按照法律的要求设置职权，使其在法律规定的范围内行使职权。二是将人力资源体系纳入法制轨道。"编制就是法律。"这一提法是邓小平同志指出的。② 就公共组织的人事体系而言，同样需要以法律的形式予以确定，在科学论证的基

---

① 沈荣华：《公共组织结构》，江苏人民出版社 2014 年版，第 100 页。

② 王泽兴：《学习邓小平"编制就是法律"的理论思考》，载《社科纵横》1997 年第 2 期。

础上，依法确定合理需求，将公共组织的人力资源扩充和增减纳入法定程序。三是公共组织结构变革的程序法制化。公共组织的运行是以行政程序和流程的合理运行来实现的，具体行政程序和流程的法制化设计是解决流程不畅、程序交叉重复的重要方法，通过组织变革将程序厘清合并实现设计科学化，再辅之以法律固化将行政操作程序纳入法制化轨道。

在管理的基本方法中，行政方法和法律手段缺一不可。从公共组织理论发展经验来看，法制化是当今组织变革的趋势。西方国家在公共组织结构变革过程中，意识到了法律的重要性。以英国警务变革为例，先后颁布数部法律引领英国警务变革，是一种以法律推进组织职能和结构整合的变革模式，对于当前我国开展的公共组织结构变革具有积极的借鉴意义。因此，在推进公共组织结构变革时，必然需要法律制度作为支撑，既要运用行政手段，又要运用法律手段进行约束，确保公共组织结构变革的顺利开展。

（二）制定并实施公共组织结构变革的"路线图"

从公共组织结构变革的目标设定来看，问题导向是核心。针对传统科层制组织面临的职能重叠交叉、部门林立、组织内耗和组织运行不畅等结构性问题，渐进式推进结构性变革势在必行。变革发展的过程中也会产生新的问题，这就需要增强变革的系统连续性和前瞻性，以顶层设计的视角制定并实施变革"路线图"，给出时间表，为推进公共组织结构变革提供行动指南。一方面，从科学的理论论证中，寻求公共组织结构变革的规律和依据；另一方面，从历史和实践的发展中，寻求公共组织结构性和流程性变革之道。在变革的过程中，要不断研究新情况解决新问题，及时化解矛盾，加强公共组织的内外部沟通与协调，关注组织变革进程中的各方面支持，确保公共组织结构变革的顺利进行。

（三）整体设计与分步实施相结合的变革路径规划

公共组织结构变革是一项系统工程，涵盖公共组织职能转变和层级部门的职能配置，涵盖调整公共组织的内部结构和优化公共组织的运行机制，涵盖不同公共组织部门之间权责配置和关系，涵盖公共组织内部部门同外部系统之间的关系和业务衔接，以及公共组织的人力资源配置、公共组织人员分类管理以及工作习惯等问题。从公共组织结构变革的理论演化来看，绝大多数的公共组织结构变革，都是在多次结构变革的基础上逐步形成的，经历了一个结构整合、确立框架到逐步完善的过程。从公共组织结构变革的案例来看，公共组织通常推行渐进式变革方式，逐步深化并总结和完善公共组织结构。因此，公共组织结构采取的是整体设计与分步推进的变革路径规划，既要统筹考虑、审时度势，用各方面的有利条件，不失时机地调整架构设置，制定相应的配套政策措施，及时解决面临的问题；又要考虑不同阶段面临的矛盾和风险，循序渐进、分步实施，逐步将局部变动向整体转变推进，并在集中变革后根据情况变化适时调整，遵循长远目标与阶段性目标相结合，整体设计与分步实施相结合的变革路径规划。

二、整合公共组织职能

组织结构整合优化的核心在于职能转变以及在职能关系清晰的情形下实现组织结构的优化重组，也就是逆部门化和碎片化，这也是整体性治理的核心之义，即组织治理功能的重新整合。① 该过程强调首先要明晰组织部门间的边界，也即是职能范围。之后，将依赖性强的职能部门和职责存在交叉的业务部门进行合并。通过职能范围归类和协调功能整合来重构组织结构，减少组织间和部门间的冲突矛盾。基于此，在对公共组织结构优化的探讨中，核心的问题就在于职能整合和结构重组，其中职能整合又是结构重组的基础。从组织结构理论来看，加尔布雷斯认为组织结构的决定性因素取决于执行任务环境中的任务信息需求量，而任务信息需求量是组织复杂性、环境不确定性和工作流程三者之间耦合关系的体现。因此，部门整合的核心就在于降低复杂性、不确定性以及相互依赖性。也即是说，组织结构优化的核心在于重构组织任务环境和降低部门间的相互依赖，明晰组织边界，实现核心职能重构，从而节省组织协调成本。

（一）横向组织职能整合

就横向组织职能整合而言，首先，将原有的依赖程度高、相互分割的部门采取一定的方式实现职能重构；其次，整合那些确实具有非常高的具有依赖性的任务；最后，明晰综合管理类职能和勤务职能二者之间的关系。公共组织职能大致可分为

---

① 整体性治理理论中，关于治理功能的重新整合是指打破组织功能的界限，协调好公共组织中多种功能的关系，并将功能相近、业务性质相同的部门进行合并与重构，整合为一个相对较大的结构，实现行政组织间、功能间的有机协调和整体性治理。参见周伟、潘娅子：《整体性治理视阈下政府治理能力的逻辑结构解析》，载《福建行政学院学报》2015 年第 5 期。

决策、执行、监督、保障。其对应结构组成见图 6-1。

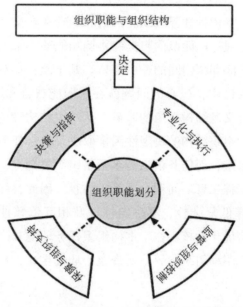

图 6-1　四种公共组织职能和对应结构设置

从公共组织职能的划分，反观当下公共组织结构设置，从纵向看高、中、低三级公共组织管理层级具有"职能同构"的特点。① 在"职能同构"的情况下，各级公共组织都扮演着全能公共组织的角色，一方面增加了组织运行成本，另一方面导致行政组织管理体制不够顺畅，具有相互依赖程度高、组织边

———————

① "职能同构"，是各级行政组织演变成了小而全的全能型行政组织，履行上级行政组织的相同职能，管理上级组织相同的事项，承担并不属于本级公共组织职责范围内的各项事宜。参见刘雅静：《基于大部制模式的地方政府机构改革刍议》，载《理论导刊》2010 年第 1 期。

界模糊、资源可共享等特点。因此，在组织结构重构中，整合是符合科学组织结构趋势的。

整合公共组织的监督职能。从英国的警务监督系统来看，专门管理对公共组织投诉和公共组织犯罪调查的监督部门是英国公共组织局内设的职业标准部门，该部门独立履行公共组织监督职能，下辖6个处，分别是：不良行为调查处、严重犯罪情报处、裁决处、事故投诉处、内部裁判庭、员工安全处。[①]从英国的经验来看，当前公共组织监督职能存在界定模糊的问题，该项职能分散在公共组织的法制、督查、审计等部门。从监督职能的法律界定、境外经验和案例实践来看，公共部门监督的职能应划归综合管理类进行设置，是法制部门、督查部门以及审计部门职责的综合。因此，在公共组织结构变革过程中，监督职能的整合体现在结构设置中，综合管理类部门可将审计和监督相关职能统一到监督部门履行。

整合公共组织的指挥职能。当前，公共组织的指挥职能存在指挥关系不畅、指挥碎片化和规范化不足等问题，需要通过科技的深度融合来优化公共组织的指挥职能。从公共部门指挥职能的理论演化来看，指挥职能经历了从静态指挥向动态指挥的转化过程。再从公共组织结构变革的演进来看，以美国进行的公共组织结构变革为例，通过整合指挥职能设立了紧急事件联合指挥部，通过协同作战的方式，将公共组织的指挥和情报挂钩，形成多部门、多警种联动参与紧急事件的处置工作。以紧急事件联合指挥部进行公共组织结构变革为公共组织结构优

---

① 王大伟：《欧美警察科学原理——世界警务革命向何处去》，中国人民公安大学出版社2007年版，第384页。

化提供了一个缩影，在公共组织结构变革中，对指挥职能的整合尤为重要，通过指挥职能与情报信息功能的整合，实现情报信息与指挥的一体化运作模式，提升组织指挥体系变革的可行性和高效性。

整合公共组织的保障职能。公共组织的保障职能在组织职能履行上存在结构设置不平衡和保障水准参差不齐等问题。公共组织在整合保障职能中，需要通过核心职能的整合，从物质保障、信息保障、经费保障和应急保障四个方面，完善公共组织结构转型中的保障职能，建立公共组织的保障体系。

整合公共组织的专业化职能。一方面整合公共组织职能中有关具体任务工作的内容；另一方面剥离非核心职能工作，通过市场化、社会化的方式体现整体性服务导向的价值，实现整体性治理中的公私合作，整合资源进行公共部门专业化职能的提升与优化。

（二）纵向组织职能整合

就纵向组织职能整合而言，科学管理时期泰勒提出的例外原则就很好地体现了组织纵向职能的根本。例外原则指出，将那些需要做出重大决策的职能保留在高层，而将那些需要具体执行才能完成的职能保留在底层，实现组织资源的节约。这一逻辑同样符合公共组织结构变革纵向职能整合的过程。就公共组织职能而言，从纵向来说，应将高层次部门职能集中到决策之中，专业化程度更高；将核心的决策职能上移，执行职能下沉，同样体现专业化特点。因为，公共组织结构变革的典型特征应该是信息的快速研判、资源的快速调动以及业务的快速反应。这些都需要执行职能的下沉，才能减少时间和协调成本。

所以，纵向职能重构要求决策、监督和宏观协调的职责上移到公共组织的更高层次，将执行职能放到一线公共组织，实现组织权力配置和职能重构，保证决策权、执行权和监督权的分离。

构建决策职能、执行职能、监督职能相互独立的纵向公共组织结构职能配置体系。在纵向职能中，适当分解公共组织决策职能、执行职能和监督职能，保证组织职能划分的独立性，形成相互制约和平衡的职能划分体制，保证不同性质的职能之间相互协调又分工负责，避免出现职能垄断或职能边界模糊等现象，提升决策的科学性和高效性。首先，依据决策职能和监督职能构建公共组织纵向职能体系。诚然，随着行政组织结构治理的日臻完善，组织结构的部门将越来越少，这些部门所拥有的职能越来越宽，部门的权力越来越大，从而对组织的综合能力要求也越来越高。[①] 也即是说，公共组织结构建立后，对决策与监督职能的要求更高。要通过确立分层次监督和分类型决策的有效职能运转来面对部门过度分工带来的协调碎片和分裂，设置和确立以决策和监督为中心地位的省部级公共组织结构。其次，进一步核心化组织决策职能。公共组织在决策过程中要审定和决断那些关乎组织发展的重大事项，同时也要抑制部门利益的膨胀。公共组织的决策是以指挥部门为首的主要行使综合协调和决策咨询的职能。在决策过程中，指挥部门要秉承决策价值，在把握公共组织战略全局和长远性的基础上提出决策方案，并综合运用协调规则和多元化协调机制进行功能上

---

① 曾凡军：《政府组织功能碎片化与整体性治理》，载《武汉理工大学学报（社会科学版）》2013 年第 2 期。

的整合。最后，从纵向构建起执行职能的标准和依据，建立起专业化的公共组织执行职能体系。运用标准化工作流程和结果评判，有效保障公共组织自上而下执行职能的实现，尤其是基层公共组织这部分职能更为突出，要将执行职能下移到基层一线，充实公共组织核心业务力量。在变革的过程中，各项职能之间可能会发生冲突，此时可以通过上级公共组织开展职能间协调，也可以通过明确法定职能的形式界定清楚，正如巴纳德所提出的共同贡献原则，通过同一部门的领导对跨部门的工作事务进行协调。①

三、整合公共组织架构

就整体性治理理论而言，整合组织治理层级是整体性组织的整合进路之一。在完整的科层体制之中，组织应依据管理范围和成本来核算组织管理幅度，进而确定管理层级，根据组织内外部环境的变化以及组织职能的演化来进行相适应的调整。②

（一）横向组织架构整合

通过对职能整合研究的情况来看，对组织层级的调整可运用卢瑟·古利克提出的组织设计的五条原理之一，③ 在划分部门时组织应符合同质性原理。也就是说，将性质和职能相同或

---

① ［加拿大］亨利·明茨伯格：《明茨伯格论管理》，闫佳译，机械工业出版社 2007 年版，第 86 页。

② 曾凡军：《基于整体性治理的政府组织协调机制研究》，武汉大学出版社 2013 年版，第 101 页。

③ 卢瑟·古利克认为，组织的核心是 POSDCRB，即计划、组织、人事、指挥、协调、报告、预算。

相近的业务尽可能交付一个部门来管理，即对组织结构进行整合。在整体性治理理论和组织理论的支撑下，借鉴马克斯·韦伯理想类型的方法，即运用理智构造思维工具，以高度概括性和抽象性的方式建构"理想类型"，以一个全新的视角对公共组织结构的组织形式进行理想状态的学理分析。① 横向组织架构整合可以设计为以下几种形式：

（1）公共组织监督部门的架构整合。这种整合明确了组织架构的设置权限，打破了传统部门之间的信息壁垒，提升了资源统筹效率，减少了高管理层级的人力资源分布，使执行权向低层级执行层倾斜，在一定程度上克服了部门内耗问题。同时，围绕监督权上移，使公共组织监督部门的架构整体上移压缩，为公共组织监督部门进行结构变革与整合提供理论思路。

（2）公共组织指挥部门的架构整合。指挥职能是管理过程中的重要内容，理想的组织形态是一种线性组织形态，体现为命令的统一、指挥的统一。公共组织的指挥部门是公共组织的"神经中枢"，以高管理层级的指挥架构为例，情报是组织指挥职能发挥的基础，围绕公共组织目标和任务整合指挥部门的整体架构和流程十分必要。二者在职能上有一致性，有利于指挥协调和快速研判。

（3）公共组织保障部门的架构整合。在明确公共组织保障

① 马克斯·韦伯对这一特殊的研究方法做了说明。他认为"理想类型是通过单方面地突出一个或更多的观点，通过综合许多弥漫的、无联系的，或多或少存在、偶尔又不存在的具体的、个别的现象而成的，这些现象根据那些被单方面强调的观点而被整理成一个统一的分析结构"。参见马克斯·韦伯：《社会科学方法论》，朱红文等译，中国人民大学出版社1992年版，第189页。

职能定位的基础上，整合以信息技术、经费保障、应急保障、物质保障等职能为依托的组织结构为一体化的公共组织保障部门。在高、中、低管理层级分别设立保障部门，细分保障事权和机制流程，包括资源预算机制、财物分级保障机制、监督管理制约机制等，实现公共组织架构内的保障职能有效响应。

（4）公共组织专业化部门的架构整合。在公共组织结构变革进程中，组织的专业化部门结构是变革的核心。通过专业化部门的优化将职责之间依赖性高、组织边界模糊的部门，通过整合职能和扩大管理幅度使其职能得到充分实现。

（5）人力资源管理的架构整合。公共组织架构的变革，除了围绕上述四种职能展开外，还需要配套公共组织的人力资源管理架构整合。整合人力资源管理和开发、宣传、组织文化和组织价值观等职能。在整合公共组织人力资源开发体系过程中，将职能相近、依赖性高的部门进行整合，形成与公共组织架构变革相配套的人力资源体系，提升公共组织部门与员工间的沟通效率，畅通公共组织信息共享，有效地降低组织运行成本，提升组织适应外部环境变化所需要的灵活性和反应性，实现公共组织结构变革的有序进行。

（二）纵向组织架构整合

就公共组织自身变革而言，结合横向组织架构设计可以分层级探讨纵向组织架构设计。

（1）公共组织架构低管理层级组织设计。从公共组织架构中的低管理层级所承担的组织职能和事权来看，低管理层级的公共组织架构要关注组织专业化水平和具体业务部门细分。而在实践中，低管理层级的公共组织结构设置往往呈现出参差不齐、数量各异的特征。从公共组织结构变革科层制组织结构来看，面向专业化业务服务的组织架构宜采用目标模式中"矩阵制""网络制""联动制"等较为扁平的组织结构，组织指挥权力自上而下沿一条清楚且不间断的直线流动，在层级制度中产生一系列上下级信息和数据交互关系，也就是指挥链。低管理层级的公共组织结构设置可借鉴扁平化的组织结构，在纵向变革中，尝试缩短指挥链的组织结构。在横向变革中，低管理层级的公共组织结构设置可尝试围绕公共组织的职能特点探索将指挥和信息化情报部门整合为指挥战略部门，将监督类职能部门整合为监督部门，将保障类职能统一划归保障部门，将专业化职能部门整合，围绕主要业务配套低管理层级公共组织架构的人力资源；也可尝试进行网络化改造，以数据衔接专业化职能部门与其他保障类部门间的关系，打破以往一一对应的组织结构间部门设计架构，根据自身公共组织的工作特点和组织环境进行架构设置，但要注意内部架构设计的定量阈值。

（2）公共组织架构中管理层级组织设计。就世界范围的行政组织层级划分而言，多数成功实施财政分税制的国家实行三级公共组织结构。以欧盟主要成员国为例，公共组织划分为中央、大区和地方三个层级，美国也将公共组织划分为联邦、州和地方三级架构。可以说，实行三级公共组织已经在国际上达成共识。[①] 由此来看，公共组织结构的扁平化，尤其是公共组织架构内管理层级分布在中层的结构设计，越来越多的组织学理论支撑管理层级的压缩，形成低层级和高层级间的无障碍沟

---

① 曾凡军：《基于整体性治理的政府组织层级关系整合研究》，载《广西社会科学》2012 年第 11 期。

通协调。因此，从组织职能的角度来看，公共组织架构中的中层管理架构的任务是保持组织层级压缩与信息链畅通，关注公共组织战略的向下传递与部署，衔接公共组织具体业务的质量改进与协调沟通。围绕中层管理层级的任务，学界普遍认为可以采用一种渐进而可行的变革策略，如 C 公共组织所开展的公共组织结构调整，引入"矩阵制"为公共组织整体组织治理方式的改进提供参考。

（3）公共组织架构高管理层级组织设计。该层级的组织设计是通过公共组织目标、资源、内部过程、利益相关、价值评价之后进行的，要经历评估—评价—反馈进行战略规划和顶层设计。在高管理层级开展公共组织结构变革过程中，首先要考虑到组织的结构惯性，尤其是员工的思维惯性，这种惯性会为组织变革带来阻碍。其次要考虑资源限制，包括公共组织在结构变革过程中组织资源的饱有度，现存的支撑组织架构运行的基础设施，如体系、技术、设备及组织支撑等是否可以支撑高层级组织结构变革。最后还要考虑到公共组织文化与组织间的已有协议，这种基于契约所限定的架构间关系和信息流关系对公共组织结构变革同样会产生干预。因此，高管理层级的公共组织结构变革要关注组织变革的过程，从"准备—实施—评估—反馈"全生命周期进行公共组织结构变革战略前瞻、规划与执行。

四、构建公共组织结构的协调机制

从整体性治理理论的角度出发，进行组织运作方面的整合可以运用以下策略：一是通过组织运作机制的水平方向整合，即是增加多元化的组织协调机制；二是从组织各部门以及各部门成员之间进行价值整合，即通过组织价值观整合组织成员之间的信任与理解，建立起组织运作价值。

（一）建立组织间信任与合作

合作组织的共性体现为充分的组织信任。许多组织都十分看重赢得合作伙伴充分信任的组织合作关系，都希望建立起组织各部分间良好的信任关系。公共组织也不例外，在开展公共组织结构变革的过程中，组织信任的建立是先导条件。一方面，需要建立公共组织内部各部门间的信任，通过组织成员的行为使其具体化和物化，树立良好的组织形象和成员形象。另一方面，需要建立公共组织同公民之间的信任，达成公共组织与公民的信任与合作，从而支持公共组织结构变革，提供坚实的组织和公民信任基础。在价值追求上，注重以人为本、注重发展。变革中应坚持把目标公众的满意度作为检验和衡量公共组织结构变革的标准，最大限度地回应公众期待，让内外部公众在组织变革进程中产生获得感；坚持以人为本，注重变革后人力资源的融合，健全人才引进培育、人员分类管理、职业生涯发展、公共组织文化建设等工作机制，从而推动公共组织间信任与合作的可持续发展。

（二）建立组织间信息共享流程

信息共享的实现是组织部门间合作的重要环节。全方位、立体化并且多视角的信息共享体系，是有效实现组织间或组织与其他组织间信息沟通与合作的重要路径。就公共组织而言，如何构建数据信息共享流程，具体可以通过以下策略完成：首先，要在公共组织资源数据平台整合并建立共享机制，实现组织数据资源和情报资源的互联互通，建立业务协作关系，实现信息和情报资源的交换与共享。其次，探索公共组织与相关部门其他组织的信息资源共享合作。在公共组织结构变革的过程中，许多公共部门开展组织结构变革时，整合了信息数字资源平台，公共组织在同步变革的过程中要加强与内外部环境和系统的合作，尤其是各类数据信息资源的合作，进一步发挥数字化引领公共组织的信息共享优势，实现跨域跨边界合作。

（三）建立组织间协调与保障

组织内部的价值冲突和利益争夺直接导致组织各部门的协调障碍和过度竞争，而组织协调和合作的不足又根源于组织所处的外部环境和资源差异、权责不对称和信息沟通不畅等综合因素。针对组织出现的常见问题，公共组织也不例外。从公共组织结构变革的理论演进来看，一种是整合职能相近的组织，尤其是面向业务转型的一体化运作，即紧紧围绕公共组织具体业务的关键环节，实现组织结构向基层调整、资源向基层汇聚、培育向基层融合的扁平化组织结构，重塑并优化公共组织架构的运作机制，促进组织效能倍增，形成专业化业务配合与组织架构的整体性协调。另一种是设置协调机构进行组织部门间和整体性协调，即整合职能相近的组织，并在部门内设专门的组织协调机构；在各机构间设立跨部门的协调机构进行协调。但整合的过程中，要进一步加强专业化建设，坚持以专业化应对职业化，采取多种手段，加强公共组织职能、规范、运行、人员等专业化建设。以公共组织进行的数字平台一体化整合来说，通过协调平台的建立，来共享数据信息资源，使专业化水平始终处于持续提高的过程中。从公共组织结构变革的国内外案例来看，有必要掌握吸收公共组织结构变革的规律和经验，整合组织内职能趋同的部门，设置共同上级部门实施同一职能部门的管辖与协调，实现基于部门职能的结构间合作。同时，为这类整合建立跨架构跨疆域协调机制，以法定化的形式固定部门间的协调内容和方式。

五、健全公共组织权力运行机制

公共组织结构从组织设计的角度来看，涉及横向与纵向的结构变革。就结构变革而言，推进领导与指挥关系变革和监督关系变革无疑是重中之重，同时还涉及职能优化、组织协调、科技融合等内容。就如何推进公共组织结构变革的整合进路而言，一方面，要完善基于指挥的行动信息系统，健全公共组织数据情报指挥体系，优化立体化防控，紧跟大数据、云计算、"互联网+"、人工智能等技术变迁的脚步，适应新时期新技术环境。另一方面，公共组织结构变革的重点是权责合理分配，其中监督体系的变革是公共组织结构变革的又一重大问题。与此同时，还包括现代公共组织运行机制、人力资源制度、职业生涯规划等配套变革。通过整合公共组织的职能，优化公共组织架构，科学划分公共组织的高、中、低管理层级事权，融合科技创新等路径，探索公共组织职能转化与现代公共组织运行机制的构建。

（一）构建公共组织的运行机制

组织运行机制的核心是协调机制。事实上，组织运行机制主要是通过层级和规则的交互实现的，这也是科层制最核心的特征。因此，可以按照等级化和正式化的程度划分不同的运行机制。公共组织结构变革的运行机制设计同样需要随着组织的合并与整合进行运行机制的再造。整体性治理理论强调一站式整体性服务，注重运用现代科技优化流程设计，强调以公众需求为导向。这就需要对传统的科层制中层级的规则运行机制进行调整，从传统的科层治理向整体性治理转变。基于此，公共组织结构变革的运行机制同样要以公众需求为核心，构建现代公共组织运行机制，将一站式服务寓于公共组织运行机制变革之中，推进基于公共组织结构变革维度的运行流程改进与优化。

（1）实现公共组织结构运行机制科学化。我国台湾学者彭锦鹏在《全观型治理：理论与制度化策略》一书中指出，为了实现整体性治理，组织必须进行基于整体性治理维度的基础要素构建，采用以下变革策略，即运用信息科技形成线上线下合作治理模式、建立主动型人力资源开发体系和整合型公共组织。这些变革策略互补并互为基础，它们分别代表科技基础、人员基础和公共组织基础，这些都是达到全观型治理所需要的。[1] 该观点很好地体现了整体性与逻辑性相统一的公共组织形态所呈现的一站式服务供给模式。从这一观点出发，整体性治理下的现代公共组织运行机制同样需要整合科技手段和数据资源。其中的关键环节就在于各类数据资源的整合。数据管理技术是在各领域所建立的数据库的基础上进一步开展数据应用的，是现代公共组织运行机制集约化运作的核心。

（2）公共组织的社会治理与公共服务职能的实现。围绕这

---

[1] 彭锦鹏：《全观型治理：理论与制度化策略》，载《政治科学论丛（台湾）》2005 年第 23 期。

些职能，数据管理技术的运用同公共组织结构的划分与公共部门专业化业务的具体内容密切相关，支配数据资源的权力同公共组织的权力划分紧密结合。公共组织结构的碎片化分割、过度化分工意味着数据管理权力的各自为政，直接导致组织间信息孤岛和部门间数据壁垒的存在，这二者是密切联系的。所以，公共组织结构的合理划分同样意味着数据资源的合理分配。数据管理技术是要整合组织内外相关数据库和信息资源，打破公共组织部门间对信息数据资源的垄断与封锁，加大部门间数据资源的共享程度，加大数据的开发、协调、整合和更新的力度。在数据库和数字资源整合的基础上，运用智能化、区块链化、"互联网+"等现代科技思维，打造整合发挥数据资源安全效益的现代公共组织运行机制。

（3）建构法定化运行机制，实现公共组织结构运行机制法治化。如果说公共职能的转变、公共组织结构的整合及公共组织权力运行机制的重塑是公共组织结构变革的三大核心，那么完善法定化的组织运行机制就是这三大核心的标准与准则，以指引和规范公共组织结构变革的前进方向并为公共组织结构变革推进提供法制保障和组织依据。公共组织结构变革与公共组织法定之间形成一种良性互动。健全相关法律法规，明晰公共组织的不同层级事权划分，法定化组织结构的综合设置，合理设置权力运行机制，确保在法定权限范围内和法律上履行职责并行使权力。

（二）建立科学的事权与财权统一化运作机制

事权与财权划分是影响公共组织结构变革的重要因素之一。从公共组织事权划分的变迁来看，政治体制、府际关系和法律规定的不同直接影响公共组织的事权划分。以英国为例，英国并没有统一的公共组织事权划分。英国内政部秉持相互制约、各负其责的事权划分原则。美国与这一情况类似，联邦公共组织各部门依照联邦法律来设立公共组织部门，而各州依据本州法律规定设置公共组织机构的事权，各州之间完全没有管辖或指挥、监督的关系。从这些公共部门的事权划分来看，公共组织事权划分需要从管理体制、府际关系和法律界定出发，进一步说明公共组织结构变革的事权重构。在公共组织结构变革探讨中，事权关系的调整有利于通过明晰事权，为科学界定各级公共组织结构职能分工、明确纵向组织架构的职能定位、履行职责任务奠定基础，更有助于为公共组织结构变革过程中的结构重构、纵向关系的理顺、公共组织运行机制的整体推进提供参考。据此，基于整体性治理的公共组织结构的事权划分充分体现为上级公共组织将工作重心放在重大项目建设与重大战略等顶层设计上。基层公共组织根据顶层设计的要求，履行共有事权和区域事权，形成上下整体联动推进公共组织结构变革、事权科学划分与一体化运作机制下的强大合力。对公共组织结构变革来说，合理划分事权是十分重要的配套变革内容。首要任务是探索健全公共组织事权关系的法制化之路，建议同公共组织结构相关的法律、法规同步完善，明晰公共组织事权关系和内容划分，并探索事权依法进行分类管理的路径。

（三）保证决策权、执行权、监督权的有效行使

公共组织结构运行机制，是指在公共组织结构变革后，在组织架构运行过程中，涉及决策、执行、监督与协调等过程的运作机理。公共组织结构变革的有序运行离不开决策权、执行

权和监督权的有效行使，要打通治理环节的各个组织壁垒，形成顺畅的权力运行机制，确保变革有序运行。就公共组织结构变革的案例和经验而言，公共组织在开展整体性组织结构变革的过程中，有效的运行机制通常都建立在组织决策权与执行权适度分离的运行机制之上，即公共组织的高层部门主要负责决策权的行使，而具体的执行权交给执行机构或社会去完成。同时，必须构建公共组织结构的监督机制，规范和控制组织结构的组织运作，防止部门整合后分散的部门利益积聚为集中的大部门利益。这就要变革监督体系，建立专项评估制度，开展全方位的监督、评价与评估，并针对存在的问题提出改进意见并监督实施。同时，建立公共组织结构下的绩效考评制度，使公共组织运行的流程形成一个完整的管理链条或闭合系统。在公共组织结构进行部门整合后，实现部际协调与部内耦合。这有赖于建立旨在使公共组织结构能按部就班、有条不紊运转的协调机制。① 协调机制主要体现在业务管理体系，即指挥体系的变革和完善，如建立大数据技术下的信息数字化运行体系，理顺公共组织上、中、下管理层级指挥链条，形成立体化、信息化领导指挥体系等。这些配套变革，都是按照"决策、执行、监督"相互协调、相互制约的变革思考路径，合理分解决策、执行、监督与协调职能，并重构公共组织结构的运行机制，以确保公共组织结构变革顺畅运行。

　　总之，实行公共组织结构变革是经济社会发展到一定阶段的必然选择，是走出公共组织结构变革"精简—膨胀—再精

---

　　① 韩艺:《政府大部制实现条件解析与构建——基于制度之视角》，载《湖北社会科学》2009 年第 1 期。

简—再膨胀"怪圈的路径选择，为优化公共组织结构，建立高效公共组织，实现公共组织治理能力现代化，提供了组织策略支持。

综上，从组织法定和公共组织结构的变革规划、组织协调机制的建立以及整合进路的探讨，就如何实现公共组织结构变革的战略设计，如何变革公共组织结构职能和架构，制定变革"路线图"和建立各项运行协调机制等需要研究解决的课题进行了研究，希望通过探索公共组织职能整合、组织结构重组、合理划分事权以及建立起决策权、执行权、监督权有效行使的权力运行机制，逐步实现公共组织结构变革。通过整体性维度下的公共组织结构变革，建立起职能科学、结构合理、精干高效、相对稳定的公共组织结构，实现公共组织治理能力和治理体系的现代化。

结　　论

　　本书通过对整体性治理视域下进行公共组织结构变革的趋势分析、案例研究和动力机制探索，发现公共组织专业化背景下的组织部门分化问题突出，以致出现部门林立、职能重叠交叉、壁垒交织等问题。其原因在于没有对公共组织职能进行清晰地界定和整合，导致公共组织结构性失调、权责划分不清。针对这些问题，本书从宏观层面构建了整体性治理理念下的整合进路，通过协调—整合—逐渐紧密的步骤为公共组织结构变革路径提供了理论参考，即通过探索职能转化模型来整合优化公共组织职能，建立起整体性治理视域下公共组织结构的协调机制、一体化运作机制以及保证公共组织决策权、执行权和监督权有效行使的权力运行机制。与此同时，本书从中观和微观技术层面，运用组织结构变革理论，分析了组织任务环境、组织部门间相互依赖的程度、组织部门间利益的一致性等决定组织变革因素与组织整合之间的关系，从横向和纵向搭建起公共组织结构变革的目标模式。同时，本书详述了公共组织结构职能界定、公共组织架构、运行机制和权力划分等主要内容，建立起与现代公共组织理论相匹配的公共组织结构体系，通过组织结构变革相关理论来论证如何实现公共组织结构的科学化、合理化，为推进组织治理体系现代化提供理论研究支持。本书基于对以科层制为基础的公共组织结构体系进行理论追溯，综合相关案例得出了公共组织结构变革的整体性治理走向和趋势，构建起对组织实践有参考意义的公共组织结构目标模式和变革路径。

就研究工具的选择而言，本书基于整体性治理理论和组织结构变革理论建构起公共组织结构变革的理论分析框架，运用了组织分析中的案例研究方法和比较研究方法，对公共组织结构变革进行研究，通过比较组织实践中代表案例的公共组织结构探索情境，分析了组织结构设计的理论模式与理论路径，对公共组织结构变革的趋势和规律有了更为清晰的认识。在公共组织研究中，研究工具具有一定的创新性。

就研究对象的选择而言，公共组织结构变革对公共组织来说是一项值得持续研究和探索的课题。本书在不断统筹考虑各类组织结构设计理论的基础上，从科学配置组织结构的功能、职责、架构维度探讨公共组织结构变革的理论可行性与必要性。这对公共组织结构变革研究具有创新意义，有助于丰富组织学研究中关于公共组织研究的理论和案例，进而解释公共组织结构变革规律，为进一步开展理论研究提供素材。

　　本书基于整体性治理理论和组织结构变革理论构建起公共组织结构变革的理论框架，运用了文献研究法、案例研究法、比较研究法等研究方法，具有一定的创新性。但是由于受资料等限制，在研究方法综合运用上还相对单一，定性研究较多，定量研究相对较少。因而，笔者在今后的工作中，将进一步完善有关公共组织结构变革组织绩效的测量和组织成本分析，通过实证和案例等手段开展进一步研究。

参考文献

著作类：

1. 曹英：《公安学：基本理论与中国视角》，中国人民公安大学出版社 2015 年版。

2. 朱国云：《组织理论：历史与流派》，南京大学出版社 2014 年版。

3. 马庆钰：《中国行政改革前沿视点》，中国人民大学出版社 2008 年版。

4. 周志忍：《当代国外行政改革比较研究》，国家行政学院出版社 1999 年版。

5. 张立荣：《中外行政制度比较》，商务印书馆 2013 年版。

6. 曾凡军：《基于整体性治理的政府组织协调机制研究》，武汉大学出版社 2013 年版。

7. 李显君：《管理之本：结构与整合》，中国经济出版社

2004 年版。

8. 闫洪芹：《公共组织理论：结构、规则与行为》，北京大学出版社、北京航空航天大学出版社 2009 年版。

9. 魏礼群、汪玉凯等：《中国现代行政管理体系研究》，国家行政学院出版社 2012 年版。

10. 孙长永：《侦查程序与人权——比较法考察》，中国方正出版社 2000 年版。

11. 陈晓辉：《英国警察制度研究》，吉林大学出版社 2012 年版。

12. 高文英：《警察行政法探究》，群众出版社 2004 年版。

13. 宋万年、宋占生等主编：《外国警察百科全书》，中国人民公安大学出版社 2000 年版。

14. 夏菲：《论英国警察权的变迁》，法律出版社 2011 年版。

15. 赵旭辉：《中外警务比较研究——公安改革思考》，中国人民公安大学出版社 2016 年版。

16. 高文英：《我国社会转型期的警察权配置问题研究》，群众出版社 2012 年版。

17. 王大伟：《外国警察科学》，中国人民公安大学出版社 2012 年版。

18. 黄爱武：《战后美国国家安全法律制度研究》，法律出版社 2011 年版。

19. 何家弘：《中外司法体制研究》，中国检察出版社 2004 年版。

20. 张杰：《中国与俄罗斯警务合作与警务比较》，中国人民公安大学出版社 2012 年版。

21. 公安部外事局：《日本警察及部分执法结构概况》，群众出版社 2003 年版。

22. 曾忠恕：《美国警务热点研究》，中国人民公安大学出版社 2005 年版。

23. 张康之等：《任务型组织研究》，中国人民大学出版社 2009 年版。

24. 张建东、陆江兵主编：《公共组织学》，高等教育出版社 2010 年版。

25. 沈荣华：《公共组织结构》，江苏人民出版社 2014 年版。

26. 王大伟：《欧美警察科学原理——世界警务革命向何处去》，中国人民公安大学出版社 2007 年版。

译著类：

1. ［美］乔纳森·R. 汤普金斯：《公共管理学说史组织理论与公共管理》，夏镇平译，上海译文出版社 2010 年版。

2. ［美］海尔·G. 瑞尼：《理解和管理公共组织》，王孙禹、达飞译，清华大学出版社 2002 年版。

3. ［美］W. 理查德·斯科特、杰拉尔德·F. 戴维斯：《组织理论——理性、自然与开放系统的视角》，高俊山译，中国人民大学出版社 2011 年版。

4. ［美］雷蒙德·E. 迈尔斯、查尔斯·C. 斯诺：《组织的战略、结构和过程》，方洁译，东方出版社 2006 年版。

5. ［美］詹姆斯·汤普森：《行动中的组织——行政理论

的社会科学基础》，敬乂嘉译，上海人民出版社 2007 年版。

6. ［美］罗伯特·B. 登哈特：《公共组织理论》，扶松茂、丁力译，中国人民大学出版社 2011 年版。

7. ［美］道格拉斯·C. 诺斯：《制度、制度变迁与经济绩效》，刘守英译，上海三联书店 1994 年版。

8. ［美］安东尼·唐斯：《官僚制内幕》，郭小聪等译，中国人民大学出版社 2006 年版。

9. ［美］弗莱蒙特·E. 卡斯特、詹姆斯·E. 罗森茨韦克：《组织与管理：系统方法与权变方法》，傅严等译，中国社会科学出版社 2000 年版。

10. ［美］查尔斯·R. 史旺生、列尔纳德·特里托、罗伯特·W. 泰勒：《警察行政管理：结构、过程与行为》，匡萃冶等译，中国人民公安大学出版社 2013 年版。

11. ［英］彼得·乔伊斯：《警务发展与当代实践》，曹志建译，知识产权出版社 2015 年版。

12. ［英］坎南：《亚当·斯密关于法律、警察、岁入及军备的演讲》，陈福生、陈振骅译，商务印书馆 1962 年版。

13. ［德］马克斯·韦伯：《经济与社会（上）》，阎克文译，上海人民出版社 2010 年版。

14. ［美］彼德·布劳、马歇尔·梅耶，《现代社会中的科层制》，马戎、时宪明、邱泽奇译，学林出版社 2001 年版。

15. ［美］彼得·圣吉：《第五项修炼——学习型组织的艺术与实物》，郭进隆译，上海三联书店 1998 年版。

16. ［加拿大］亨利·明茨伯格：《明茨伯格论管理》，闾佳译，机械工业出版社 2007 年版。

17. ［德］马克斯·韦伯:《社会科学方法论》,朱红文等译,中国人民大学出版社 1992 年版。

论文类:

1. 龚常、曾维和、凌峰:《我国大部制改革述评》,载《政治学研究》2008 年第 3 期,第 99-105 页。

2. 胡象明、陈晓正:《"大司局"视野下大部制改革内部运行机制探微》,载《南京社会科学》2011 年第 5 期,第 68-72 页。

3. 汪玉凯:《冷静看待"大部制"改革》,载《理论视野》2008 年第 1 期,第 12-15 页。

4. 张成福、杨兴坤:《建立有机统一的政府:大部制问题研究》,载《探索》2008 年第 4 期,第 56-62 页。

5. 李文钊、蔡长昆:《整合机制的权变模型:一个大部制改革的组织分析——以广东省环境大部制改革为例》,载《公共行政评论》2014 年第 2 期,第 97-118 页。

6. 任捷:《国内区域警务合作机制发展趋势理论评述》,载《人民论坛》2016 年第 17 期,第 77-79 页。

7. 张成福、杨兴坤:《建立有机统一的政府:大部制问题研究》,载《探索》2008 年第 4 期,第 56-62 页。

8. 齐卫平:《当代中国政治体制的模式特征论析》,载《比较政治学研究》2010 年第 1 期,第 151-162 页。

9. 韩保中:《全观型治理之研究》,载《公共行政学报》2009 年第 6 期,第 1-20 页。

10. 彭锦鹏:《全观型治理:理论与制度化策略》,载《政治科学论丛（台湾）》2005 年第 23 期。

11. 曾凡军：《从竞争治理迈向整体治理》，载《学术论坛》2009 年第 9 期，第 82-86 页。

12. 蔡立辉、龚鸣：《整体政府：分割模式的一场管理革命》，载《学术研究》2010 年第 5 期，第 33-42 页。

13. 张康之、李东：《任务型组织之研究》，载《中国行政管理》2006 年第 10 期，第 31-34 页。

14. 诺斯科特·帕金森：《帕金森定律与上升的金字塔》，载彭和平、竹立家等译：《国外公共行政理论精选》，中共中央党校出版社 1997 年版。

15. 朱国云：《韦伯官僚组织结构理论的新演变（下）》，载《国外社会科学》1995 年第 11 期，第 17-23 页。

16. 韩践：《培育元能力——VUCA 时代的 HR 提升之道》，载《清华管理评论》2015 年第 10 期，第 28-35 页。

17. 赵旭辉：《英国警察管理体制对我国警察事权划分的借鉴与启示》，载《公安学刊（浙江警察学院学报）》2015 年第 1 期，第 97-101 页。

18. 魏宗雷：《美国的危机管理机制》，载《国际资料信息》2002 年第 11 期，第 1-4 页。

19. 林琼柔：《法国警察史沿革与研究初探》，载《警察通识与专业学术研讨会论文集》，第 103-122 页。

20. 竺乾威：《大部制改革与权力三分》，载《行政论坛》2014 年第 5 期，第 31-36 页。

21. 张康之、李东：《任务型组织之研究》，载《中国行政管理》2006 年第 10 期，第 31-34 页。

22. 卓越、陈招娣：《加强公共资源管理的四维视角》，载《中国行政管理》2017 年第 1 期，第 6-10 页。

23. 潘琼、杜义飞、杨静：《"约束"在组织学习与持续性变革过程中的双重角色》，载《管理学报》2020 年第 9 期，第 1287-1297 页。

24. 王泽兴：《学习邓小平"编制就是法律"的理论思考》，载《社科纵横》1997 年第 2 期，第 14-17 页。

25. 周伟、潘娅子：《整体性治理视阈下政府治理能力的逻辑结构解析》，载《福建行政学院学报》2015 年第 5 期，第 20-25 页。

26. 刘雅静：《基于大部制模式的地方政府机构改革刍议》，载《理论导刊》2010 年第 1 期，第 16-18 页。

27. 曾凡军：《政府组织功能碎片化与整体性治理》，载《武汉理工大学学报（社会科学版）》2013 年第 2 期，第 235-240 页。

28. 曾凡军：《基于整体性治理的政府组织层级关系整合研究》，载《广西社会科学》2012 年第 11 期，第 109-114 页。

29. 韩艺：《政府大部制实现条件解析与构建——基于制度之视角》，载《湖北社会科学》2009 年第 1 期，第 27-29 页。

30. 赵普兵：《整体性治理视角下公共服务何以提升治理效能？——基于四川南部县 A 村合村并组实践的观察》，载《云南大学学报（社会科学版）》2022 年第 6 期，第 108-117 页。

31. 杨艳、贾璇、谢新水：《公共行政行动主义转向的学理阐释：基于组织的视角》，载《学习论坛》2020 年第 1 期，第 46-54 页。

32. 耿依娜：《价值、结构与行动：当代中国社会组织公共性评价的三维分析》，载《云南大学学报（社会科学版）》2019 年第 3 期，第 118-125 页。

33. 李宇环：《风险社会背景下的公共组织变革——基于系统观的诊断与设计》，载《南京大学学报（哲学·人文科学·社会科学）》2021 年第 4 期，第 44-52 页。

34. 郭雪松、赵慧增：《突发公共卫生事件应急预案的组织间网络结构研究》，载《暨南学报（哲学社会科学版）》2021 年第 1 期，第 64-79 页。

英文资料：

1. Toonen T："Resilience in Public Administration：The Work of Elinor and Vincent Ostrom from a Public Administration Perspective"，Public Administration Review，2010(2)．

2. Ostrom E，Parks R B，Percy S L："Evaluating Police Organization"，Public Productivity Review，1979(3)．

3. Dunleavy P，Margetts H，Bastow S："Digital Era Governance：IT Corporations，the State，and E-Government"，Oxford University Press，2008．

4. Perri，6. Diana Leat. Kimberly Seltzer and Gerry Stoker："Towards Holisitic Governance：the New Reform Agenda"，Palgrave，2009．

5. Robert. M. Fogelson："Big-city Police"，Harvard University Press，1975．

6. Baker J E: "In the Common Defense: National Security Law for Perilous Times", Military Review, 2009(3).

7. Other French Institutional Key Bodies: Gouvernement. France. [2017 - 01 - 19]. http://www. gouvernement. fr/en/other - key-bodies.